마리아 막달레나의 노래

염수정 안드레아 추기경

김원율 안드레아가 최근 펴낸 종교소설 「마리아 막달레나의 노래」를 읽고, 여러분에게 추천하고자 합니다. 작가적 상상력과 묵상을 통하여 새롭게 재탄생한 마리아 막달레나의 일생 전체 안에서 예수님을 향한 강한 사랑이 느껴집니다.

마리아 막달레나는 갈릴래아 호수가 어촌 막달라에서 태어나, 예수님의 공생활 중, 처음으로 막달라의 한 우물가에서 예수님을 만나는 것으로 설정하여, 예수님은 마리아에게 한번 마시면 내면에서 끊임없이 솟아올라 영원히 목마르지 않는 생명의 물을 약속하십니다. 막달레나는 우여곡절 끝에 예수님으로부터 두 차례 생명을 구하게 되는 재생(再生)의 은총을 받게 되고, 그후 극진히 예수님을 따르게 됩니다. 그 과정에서 마리아는 참으로 애절하게 사랑하던 로마의 백인대장과 헤어지고, 내면에서 끊임없이 솟아오르는 생명의 물, '영원한 생명'을 얻기 위해 예수님의 제자가 되어 수난과 죽음의 장을 같이 하였습니다. 그리고 마침내 그리스도 부활의 첫 증인이 되는 영광을 얻게 됩니다.

실제로 마리아 막달레나는 여러 가지 이유로 공적(功績)이 복음사가들의 기록에서 배제되고, 회개한 여인, 창녀로 알려졌습니다. 예수님을 자신의 목숨보다 사랑했던 여인이었으며, 영혼으로 예수님과 일치했던 성녀는 20세기에 차츰 참된 모습을 회복해 가고, 온전히 일생 동안 거룩하고 순결했던 성녀로 인정받게 됩니다. 이에 대해 저자는 마리아 막달레나가 그리스도 부활의 첫 번째 증인이었음에도 불구하고 저평가된 이유에 대해 설명합니다.

2016년 6월 3일 프란치스코 교황 성하께서는 교령(敎令) '사도들의 사도'(Apostle of the Apostles)를 발표하여 예수님 부활의 첫 번째 증인, 마리아 막달레나 성녀의 기념일(7월 22일)을 축일로 격상하였습니다. 이는 마리아 막달레나를 12사도와 같은 반열에 올린 것입니다. 동 교령은 하와가 생명이 충만한 낙원에서 죽음을 전파한데 반하여, 성녀는 죽음의 현장인 묘지에서 생명을 선포하였다고 격찬하였습니다.

프란치스코 교황 성하께서는 다음과 같이 성녀에 대하여 말씀하셨습니다.

"예수 그리스도를 대단히 사랑했고, 아울러 그분에게 사랑받은 이 거룩한 여성의 중요성이 자비의 희년에 새롭게 조명되기를 바랍니다."

김환수 가비노 신부
(천주교반포1동성당 주임신부)

김원율 안드레아 형제님이 쓰신 소설, 「마리아 막달레나의 노래」를 여러분께 추천(推薦)합니다. 안드레아 형제님은 반포 1동 본당에서 매일 미사 한 시간 전에 나오셔서 기도와 묵상을 할 정도로 신앙적으로 모범이 되시는 분입니다. 더불어 본당에서 꾸리아 간부를 맡고 계실 뿐만 아니라 새벽 미사 전례에 봉사하고 계셔서 본당의 '착한 목자' 봉사상을 첫 번째로 수상하신 분이기도 합니다.

남다른 신앙과 봉사의 마음으로 특별한 글재주까지 겸비하신 안드레아 형제님의 소설 「마리아 막달레나의 노래」는 염수정 안드레아 추기경님께서도 재미있게 읽으시고 '추천의 글'을 써주셨습니다. 백문(百聞)이 불여일견(不如一見)이라는 말이 있으나 저는 백문이 불여일독(不如一讀)이라고 말씀드릴 만큼 재미있고 신앙에 있어서도 뛰어난 소설이라 믿으며 여러분에게 일독(一讀)을 권합니다.

손병두 돈 보스코

(전 서강대 총장, 전 한국평신도협의회 의장, 삼성경제연구소 고문)

김원율 안드레아 형제님이 쓰신 「마리아 막달레나의 노래」를 읽으며 처음부터 경이와 흥분과 감동으로 가득 차 몇 번이나 중간에 숨 고르기를 하였다. 나 역시 마리아 막달레나 성녀에 대하여 아는 바는 피상적이었다. 성녀가 창녀였다가 회개하여 예수님 제자가 되었으며, 예수님 죽음의 현장에 있었고, 예수님 부활의 첫 증인이었다는 정도만 알고 있을 뿐이었다. 그러나 저자의 성경에 대한 해박한 지식과 이해, 그리고 깊은 고증과 탐구를 통해 그동안 베일에 싸여 있던 마리아 막달레나 성녀는 복원되고 아름다운 이야기로 우리 앞에 다시 태어나게된다. 뿐만 아니라 이 책을 통해 초대교회에서 베드로 사도에 버금가는 진정한 그리스도교의 창시자로 거듭 나고, 사도의 반열에 자리매김하게 된 위대한 성녀로서 마리아 막달레나를 우리가 추앙하게 되었다는 사실에 감사드리지 않을 수 없다.

정종휴 암브로시오

(전 교황청 주재대사, 전 전남대학교 법대 교수)

평신도 신학자 김원율 선생이 웅변으로 전하는 '오해받은 성
녀이자 예수 부활의 첫 증인의 정당한 명예회복' 스토리. 이음
새 없이 전개되는 힘찬 필치는 긴장감을 놓칠 수 없게 한다. 읽
다 보면 어느새 가톨릭 신앙에 대한 이해의 차원이 새로워짐을
느낄 것이다.

마리아 막달레나의 노래

The Song of
Mary Magdalene

김원율 지음

좋은아침

일러두기

1. 이 책은 2023년 9월 5일 서울대교구로부터 출판승인을 받아 출판하였습니다.

2. 이 작품은 성서에 기반을 둔 다큐멘터리 형식의 소설로서 작가가 상상력을 발휘해 스토리를 재구성한 것임을 밝힙니다.

3. 소설 곳곳에 참조한 성경 구절이나 관련 자료는 각주로 표기되어 있습니다. 좀더 자세한 근거 자료가 필요하신 분들은 각주를 참고하시기 바랍니다.

4. 성서에 나오는 인명이나 지명은 가톨릭에서 사용하는 용어를 기준으로 삼았습니다.

5. 작품 관련 궁금한 사항이 있으시면 wykim48@hanmail.net로 문의해 주시기 바랍니다.

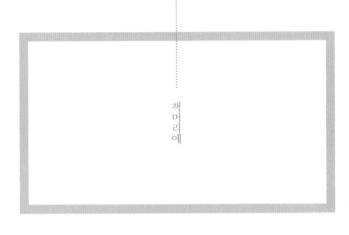

　마리아 막달레나처럼 그 일생이 베일에 쌓여있고 수많은 억측과 추측이 난무하는 성녀는 드물다. 20년 전에는 댄 브라운이라는 작가가 『다빈치 코드』라는 반 그리스도교적인 소설에서 예수 그리스도와 마리아 막달레나 사이에서 태어난 딸이 후일 프랑스 왕가의 혈통으로 이어지면서 온갖 음모와 폭력이 행해졌다는 황당무계한 이야기를 전개한 바 있다.

　로마교회에서도 무려 1,400년간이나 마리아 막달레나가 창녀였으며 참회한 죄인이었다는, 오도(誤導)된 성녀의 이미지가 통용되어 왔다. 그 때문에 창녀의 재활쉼터의 이름도 '막달레나의 집'이라고 명명되는 경우가 많다. 그러나 성경의 어떤 기록도 마리아 막달레나가 창녀였다는 기록은 없다.

　마리아 막달레나는 4대 복음서에 총 13회 단편적으로 소개

되고 있는데, 예수 수난과 죽음의 현장을 함께 하였고 부활의 첫 증인으로 등장할 뿐 그의 생애는 전혀 오리무중이다.

오늘날 세계 인구의 3분의 1이 예수를 구세주로 고백하는 그리스도교 신자이다. 이 배경에는 두 명의 위대한 여인이 있었다. 한 명은 예수 그리스도를 낳은 성모 마리아이고 다른 한 명은 예수를 지극히 사랑하였으며, 또한 부활의 첫 증인이 된 마리아 막달레나이다.

당시 유대 사회에는 수많은 인물이 메시아를 자처하며 유대 민중의 염원을 이루려다가 처형되었고 그들의 흔적은 자취 없이 사라졌다. 예수는 다른 혁명가들과는 달리 유대인이 꿈꿔왔던 지상왕국의 메시아로서가 아니라 평화의 구세주임을 일깨우며 하느님 나라를 선포하였다. 예수는 하느님 나라는 천군만마의 질주나 함성, 무력에 의해서는 결코 이루어질 수 없음을 밝혔다. 그러나 예수 역시 대사제와 율법학자에게 고발당하여 십자가상에서 비참하게 생을 마쳤다. 그도 역시 허다한 자칭 메시아 중의 한 명으로 운명이 끝나는 듯하였다.

그러나 이번만은 달랐다. 예수 사후 그의 제자들에 의하여 예수 운동이 일어났고 이는 요원의 불길처럼 유대인과 사마리아, 그리스 등 인근 민족에게 번져나갔다. 이의 중심에는 예수의 부활이 있었으며 이를 처음으로 발견하고 제자들에게 전한 여인이 바로 마리아 막달레나이다.

마리아 막달레나는 제자들을 부활에의 확신으로 이끌었고 부활 선포에 소극적인 제자들을 격려하여 예수 운동을 적극적으로 전개하는 데 큰 역할을 하였다. 그는 초대교회의 전승(傳承)에서 '사도 중의 사도', '사도에게 파견된 사도'라는 호칭과 함께 존경을 받았다. 그러나 어찌된 영문인지 그 후 마리아 막달레나는 사도들의 전교(傳敎) 행적을 기술하는 이야기 전개 과정에서 사라져버렸다.

이 소설은 초기교회 이후 그녀가 회개한 죄인으로서 창녀였다는 인식이 생겨났음은 교회의 잘못이라는 점을 그녀의 생애를 추적함으로써 반론을 제시하고자 하였다. 또한 작가의 상상력으로 나름대로 그녀의 생애를 재구성하였다. 이 책을 읽는 독자는 마리아 막달레나가 로마의 백인대장을 만나 사랑을 키우는 한편, 예수의 도움으로 죽음의 위기에서 벗어나 그의 제자가 되고 부활의 첫 번째 증인이 되는 과정에서 때로는 가슴 벅찬 흥분과 감동을 맛볼 수 있을 것이다.

이 책에서 마리아 막달레나의 대화나 당시에 일어난 사건 등에서 성서의 근거가 있는 부분은 각주에 이를 밝혔다. 독자 중에서 성서적 근거에 대하여 별 관심이 없으신 분은 필자의 각주 부분은 무시하고 읽어도 책의 전반적인 스토리를 이해하는 데 아무 지장이 없을 것이다.

과거 여성이 세례 받을 때 마리아 막달레나가 창녀였다는 사실 때문에 세례명을 마리아 막달레나로 하기를 꺼려했다고 한다. 마리아 막달레나의 축일은 7월 22일이다. 이 책을 마리아 막달레나 성녀와 마리아 막달레나 세례명을 가진 모든 여성 신자에게 바친다.

마지막으로 독자에게 일독을 권하면서 간곡한 추천의 글을 써주신 염수정 안드레아 추기경님과 반포1동 본당 김환수 가비노 주임신부님께 가슴으로부터 감사의 말씀을 드린다. 또한 추천사에서 "경이와 흥분, 감동으로 이 책을 읽었다"고 하신 손병두 돈 보스코 전 서강대 총장님, "긴장감을 놓칠 수 없을 정도로 힘찬 필치에 감탄하였다"고 하신 정종휴 암브로시오 전 교황청 주재 한국 대사님께도 깊은 감사를 전한다.

2023년 11월

김원율 안드레아

차
례

[제1부] 구원의 서막

제1부

구원의 서막

예수의 탄생

시메온의 예언

"이 아기는 이스라엘 민족이 기다리던 메시아십니다. 저는 이제 편안히 눈을 감을 것입니다. 주님께서 저의 소원을 이루어주셨으며, 제 눈이 당신의 구원을 보았습니다. 이 아기는 모든 민족들에게 계시의 빛이 될 것입니다."

(루카복음 2, 29-32)

나자렛 처녀

나자렛, 갈릴래아 호숫가의 한적한 시골 마을, 마리아는 이곳에서 태어났다. 밤하늘에 별이 총총히 빛나는 밤, 안나는 그의 품에 안긴 아기를 사랑스러운 표정으로 내려다보았다. 아기는 어머니 품 안에서 순결하고 평안한 숨을 쌔근쌔근 쉬며 잠들어 있다. 아! 얼마나 기다렸던 아기였던가.

안나는 오랫동안 아기가 없었다. 유다의 사회에서 많은 자식은 야훼 하느님께서 아브라함에게 나는 너에게 한껏 복을 내리고, 네 후손이 하늘의 별처럼, 바닷가의 모래처

럼 한껏 번성하게 해 주겠다.'[1]고 약속하셨듯이, 곧 하느님
의 축복과 동일시되었다. 안나는 성전에서 오랜 기간 아
이를 갖게 해달라고 하느님께 기도하였다.

요아킴과 안나는 오랜 기다림 끝에 마리아를 얻었다. 죄
악에 물든 이 사회에서 마치 홀로 순결을 지닌 듯한 아기
가 태어났다. 마리아는 신앙심 깊은 부부의 총애와 사랑을
듬뿍 받으며 자랐다. 요아킴과 안나는 그녀에게 이스라엘
의 하느님께서 언젠가는 이 민족을 구원해주실 메시아를
주실 것이라는 믿음을 가르쳤다. 그리고 부부는 기도하였
다. '평화를 갈구하는 예루살렘에게 참 평화의 나라가 도래
할 때 이 아기도 태양처럼 빛나리라.'

마리아는 부부의 믿음에 따라 평화의 메시아의 강생을
믿으며 장미처럼 아름답고 백합처럼 순결한 여인으로 자
라났다. 요아킴과 안나는 마리아에게 원조들이 죄를 짓고
낙원에서 쫓겨난 때부터 인간의 구원을 위하여 한 여인으
로부터 구원자가 태어나시어 인류를 구원하시리라는 것
을 가르쳐주었다.

마리아는 안나에게 물었다.

---

1 창세기 22, 17

"어머니, 저도 메시아를 뵐 수 있을까요?"

"물론이지. 오로지 주님께 기도하고 믿음을 가지면 메시아를 뵐 수 있을 것이다."

"아모스구나!"

마리아의 어머니, 안나는 아모스를 반갑게 맞이한다.

"예, 안나 아주머니"

이웃에 살고 있는 고아, 아모스는 활기차게 대답한다.

"여기 밀가루 열 세겔 있구나. 네가 배고플까 해서 어제부터 밀을 곱게 빻아 준비했단다. 이걸 가져가서 누룩을 넣고 반죽을 부풀렸다가 빵을 구워 먹으렴."

"안나 아주머니, 고마워요. 안나 아줌마는 언제나 저에게 엄마처럼 잘해주세요."

"우리 조상들은 율법으로 고아와 과부, 이방인에 대하여 그들의 처지를 불쌍히 여기고 연민으로 대해야 한다고 가르쳤단다. 예언자 아모스가 북이스라엘 민족에게 정의와 공정을 외쳤듯이 너도 앞으로 정의롭고 훌륭한 사람이 될 거야."

아모스는 한 집 건너 마리아의 이웃에 사는 고아였다. 아모스라는 이름은 기원전 8세기경에 활약한 북이스라엘 예언자의 이름이다. 그는 양을 치는 목자로서 보잘것없는 신분이었지만 당당하게 하느님의 말씀을 전한 참된 예언자였다.

아모스는 향락과 사치에 빠져 가난한 백성들을 착취하고 약한 자들의 인권을 유린하는 상류층의 불의를 통렬하게 공격하여 '정의의 예언자'로 불리었다. 그는 '겉치레뿐인 제사는 주님께서 거들떠보시지 않는다. 다만 공정을 물처럼 흐르게 하고 정의를 강물처럼 흐르게 하라.'[2]고 준엄하게 사제와 귀족을 꾸짖었다. 이사야, 예레미야 등 수많은 예언자가 고아와 과부를 돌볼 것을 권했다.

"고마워요, 아줌마. 그러나 저는 지금 배울 여력도 없고 하루하루 끼니 때우기가 바쁜데요."

"그래도 희망을 버리지 마라. 네 아버지는 아모스가 랍비가 되기를 원하셔서 너에게 배움의 길을 열어주셨다. 배움의 열망을 버리지 않는 한 하느님께서 길을 열어주실 거야. 희망은 유대 민족을 지탱해온 구원의 길이었어. 비록 지금은 어렵더라도 희망을 가지는 한 산을 옮길 수 있는 능력도 하느님이 주실 거다."

---

2   아모스 서 5, 24

마침 그때 마리아가 문을 열고 들어왔다. 마리아 역시 친누나처럼 아모스를 살뜰히 보살펴왔다. 마리아의 티 없이 맑은 얼굴을 대하는 순간 아모스의 얼굴이 한층 밝아졌다.

"마리아 누나! 안녕"

"아모스야, 반갑구나. 배는 고프지 않니?"

"아니요, 안나 아줌마가 언제나 엄마같이 저를 보살펴 주셔서 배고프지 않아요."

"오늘 장에 가서 아모스에게 어울리는 겉옷을 사왔단다. 지금 입고 있는 옷이 거의 헤져서 바람이 불면 추울 거야. 집에 가서 이 옷으로 갈아입으려무나."

아모스는 천사와 같은 마리아의 보살핌과 배려에 어쩔 줄 몰라 하며 눈에는 눈물이 핑 돌기까지 한다. 참으로 천사들이 모인 성가정이다.

"고마워요, 마리아 누나! 제가 이 은혜 커서 갚을게요."

"별소리를 다하는구나. 나는 단지 아모스가 어서 자라서 훌륭한 랍비가 되는 걸 보고 싶구나."

"꼭 그렇게 될게요. 안녕히 계세요."

아모스는 귀엽게 생긴 얼굴에 보조개를 지어 보이며 웃었다. 그리고는 마리아 집을 나섰다.

아모스는 이웃에 사는 상인 이사악의 아들이었다. 이사악은 하느님에 대한 신심이 깊었으며, 갈릴래아 전역을 돌아다니며 각 지역의 특산물을 가져다 팔면서 생계를 꾸려나갔다. 그에게는 아모스라는 총명한 아들과 사랑하는 아내가 있었다. 힘들어도 하루의 장사를 마치고 돌아왔을 때 반갑게 맞아주는 아내와 아들을 보면서 하루하루 일용할 양식을 주신 하느님께 감사하며 일상을 보냈다. 그는 아모스를 유명한 지역사회의 스승 랍비에게 교육시키면서, 아모스 또한 지역사회의 존경받는 랍비로 성장하기를 희망하였다.

　어느 날 도시 세포리스에서 느지막하게 장사를 끝내고 나자렛으로 돌아가던 그는 길에서 강도를 만났다. 후일 예수가 착한 사마리아인이 강도 만난 여행객에게 도움을 준 이야기를 이웃사랑의 예로 말한 적이 있다. 그러나 불행히도 그는 착한 사마리아인을 만나지 못했다.

　이사악은 피를 흘리며 길가에 쓰러져 있었지만 아무도 그를 돌보는 사람이 없었다. 저녁 무렵 길을 가던 사제계급의 사람이 그를 보았다. 그러나 그는 애타게 도움을 요청하는 이사악을 보고서도 아무 일이 없는 것처럼 지나쳤다.

여기에는 모세5경중 레위기의 사제에 대한 엄격한 규정이 한몫을 했다. 사제는 하느님께 양식을 바치는 이들로 몸을 더럽혀서는 안 되며 어떠한 주검에도 다가서서는 안 되었다. 또한 이들은 머리를 밀거나 수염 끝을 깎거나 몸에 상처를 내어서는 안 되었다. 심지어는 사제의 딸이 불륜을 저질러 제 몸을 더럽힌 경우 불에 태워야 한다고 엄격히 규정하였다.[3] 그들은 아무도 지키지 못하는 엄격한 정결예식을 정하고 그들 스스로를 고귀한 사람들로 여겼다. 그러나 그들은 예수가 비난하듯이 과부의 가산을 등쳐먹으면서 하느님이 요구하시는 사랑의 실천에는 관심을 기울이지 않았다.[4]

　이리하여 목숨을 건질 수 있었던 그 사람은 피를 흘리며 신음하다 죽어갔다. 부인은 하늘이 무너지는 슬픔을 겪었으나 어린 아모스를 위하여 인근 대지주의 밭에서 추수할 때 떨어진 곡식을 줍는 것으로 어린 아모스를 먹이려 하였다. 그러나 하녀들의 텃세 때문에 말 못할 아픔과 괴로움을 겪었다. 신명기에는 다음과 같이 고아와 과부,

---

3　레위기 21장, 22장
4　마르코 12, 40

이방인을 보호하기 위해, 야훼 하느님이 명령하신 규정이 있다.

너희가 밭에서 곡식을 거둘 때에, 곡식 한 묶음을 잊어버리더라도 그것을 가지러 되돌아가서는 안 된다. 그것은 이방인과 고아와 과부의 몫이 되어야 한다. 그래야 주 너희 하느님께서 너희 손이 하는 모든 일에 복을 내리실 것이다. 너희가 올리브 나무 열매를 딸 때, 지나온 가지에 다시 손을 대어서는 안 된다. 그것은 이방인과 고아와 과부의 몫이 되어야 한다. 너희는 포도를 수확할 때에도 지나온 것을 따서는 안 된다. 그것은 이방인과 고아와 과부의 몫이 되어야 한다. 너희는 너희가 이집트 땅에서 종이었던 것을 기억해야 한다. 그 때문에 내가 너희에게 이것을 실천하라고 명령하는 것이다.[5]

어느 날 이사악의 부인은 포도밭에서 여종들을 뒤따라가면서 남은 것을 따던 중 그중의 한 여종으로부터 자기들을 앞질러 열매를 땄다는 모함을 받았다. 그 여인은 여

---

5   신명기 24, 19-22

종에게 자신은 뒤따라가면서 포도밭의 열매를 땄다는 하소연을 하다가 그들에게 머리채를 붙잡히는 모욕을 당하고 만다. 부인은 충격으로 몸져누운 지 한달여 만에 세상을 뜨고 말았다. 아모스는 이렇게 하여 천애고아가 되었다. 그러나 한 집 건너 살고 있는 안나와 마리아가 고아인 아모스를 수호천사처럼 보살폈다.

마리아의 부모, 안나와 요아킴은 다윗 왕이나 솔로몬 왕등 유다의 위대한 왕의 역사에 정통했다. 만군의 주님께서 이스라엘을 선택하셨고, 하느님의 종 다윗을 이스라엘의 임금으로 세우셨으며 그 왕국은 영원하리라고 약속하셨다.[6] 그들은 다윗의 가문에서 주님께서 보내신 메시아가 나타나 이스라엘 왕국을 다시 세우실 것이라는 믿음과 희망을 지니고 있었다.

이사야 예언자가 '젊은 여자가 아기를 낳으리니 그 이름을 임마누엘이라고 할 것입니다'[7]라고 한 성경구절을 요아킴은 읽었다. 임마누엘은 '하느님께서 우리와 함께 계시다'는 뜻이다. 마리아는 자신이 하느님께 기도하며 일생을

---

6 사무엘기 하권 7, 16
7 이사야서 7, 14

바친다면 언젠가는 임마누엘을 볼 수 있으리라 생각하였다. 공식적으로 유다가 로마의 속주가 된 것은 기원후 6년이었으나 벌써 이전부터 로마의 군대가 유다의 관할권을 행사하고 갈릴래아, 사마리아, 유다 지방 전역을 통치하고 있었다. 이스라엘은 한층 메시아를 갈망하고 있었다. 그들의 예언서에 의하면 다윗 임금의 도시 베들레헴에서 구세주가 탄생하리라고 하였다.

미카 예언자는 다음과 같이 예언하였다.

너 에프라타의 베들레헴아. 너는 유다 부족들 가운데서 보잘것없지만 나를 위하여 이스라엘을 다스릴 이가 너에게서 나오리라. 그의 뿌리는 옛날로, 아득한 시절로 거슬러 올라간다.[8]

마리아는 14살이었으며 5월에 갓 피어난 장미처럼 화사하고 아름다웠다. 얼굴은 잡스러운 티 하나 없이 순백의 백합 같은 기운이 서렸다. 어느 날 마리아는 아버지 요아킴이 이사야 예언서를 읽다가 목을 놓아 울고 있는 것을

---

8   미카서 5, 1

보았다. 요아킴은 평화와 화해의 구세주가 오시리라 굳게 믿고 있었다. 그러나 이사야서 '4번째 종의 노래'는 그 구세주가 비참하게 그려져 있었다. 이사야서는 구세주가 외로이 민족의 죄와 고난을 짊어지고 가리라는 내용을 담고 있었다.[9]

그는 우리의 병고를 메고 갔다.

우리의 고통을 짊어졌다.

그런데 우리는 그를 벌받은 자,

하느님께 매맞은 자, 천대받은 자로 여겼다.

그러나 그가 찔린 것은 우리의 악행 때문이고

그가 으스러진 것은 우리의 죄악 때문이다.

우리의 평화를 위하여 그가 징벌을 받았고

그의 상처로 우리는 나았다.

도살장에 끌려가는 어린 양처럼

털깎는 사람 앞에서도 잠자코 서 있는 어미 양처럼

그는 자기의 입을 열지 않았다.

정녕 그는 산 이들의 땅에서 잘려 나가고

---

9   이사야서 52장, 53장

내 백성의 악행 때문에 고난을 당하였다.

이스라엘 백성들은 전 역사를 통하여 끝없이 주변의 강대국으로부터 시달림을 받았다. 그리하여 이스라엘 백성들은 때가 되면 모세가 이집트 땅에서 하느님의 강건한 의지로 이집트 병사를 홍해 바다에 쓸어 넣고 노예살이에서 유다 백성을 구원하였듯이 메시아가 천군만마를 움직여 이교도의 압제에서 이스라엘을 구원하시리라 생각하였다. 기원전 170년경 그리스의 왕 안티오코스 4세는 예루살렘 성전을 올림포스의 제우스신에게 바치고, 율법의 기본규정(안식일, 할례, 음식 규정)을 지키는 것도 금지하였다. 이때 유다 마카베오라는 뛰어난 장수가 그리스의 안티오코스 4세 군대를 물리치고 예루살렘 성전을 수복하였다. 그처럼 메시아가 나타나 로마군을 몰아내고, 예루살렘이 온전히 이교도의 지배에서 벗어나 평화의 도읍으로 재건되기를 바랐다.

유대 민족에게는 평화의 구세주가 아니라 이집트 병사를 홍해 바다에 쓸어 넣은 군신으로서의 하느님, 골리앗을 물리친 무장 다윗, 지혜로 나라를 다스려 인근 국가로부터 조공을 받은 솔로몬 왕처럼 강건함과 지혜를 갖춘 구세주가 필요했다. 유다 백성은 야훼 하느님께서 이집트 파라오의 폭정에서 이스라엘 민족을 구출하실 때 이집트의 만배를 전부 치시듯 기적을 베푸시는 하느님을 원했다. 그러나 요아킴이 이사야서에서 읽은 구세주는 다만 백성들의 병고를 짊어지고 무기력하게 도살장으로 끌려가는 어린 양처럼 묘사되고 있다.

마리아, 구세주에 대하여 논쟁하다

마리아가 하루는 어느 랍비의 딸과 구세주에 대하여 논쟁을 하게 되었다. 랍비 겸 율법학자의 딸은 공부를 많이 하였고 아버지를 따라서 율법을 꿰고 있다고 자부하는 자존심 강한 아이였다.

"우리 율법은 동태복수법[10]을 가르치고 있어. 갈릴래아 지방에서 로마 군인은 우리 유대 민족을 과거 수십 년간 무

---

10   신명기 19, 21 너희는 그들을 동정해서는 안 된다. 목숨은 목숨으로, 눈은 눈으로,
      이는 이로, 손은 손으로, 발은 발로 갚아야 한다.

자비하게 탄압하고 백성의 요구를 황제에 대한 반역이라고 몰아붙여 사람들을 십자가에 못 박았어. 우리 유대 민족을 이끌 구세주가 나타나면 우리도 같은 방법으로 십자가상에 로마 군인들을 못 박아 처단해야 해."

"그런다고 죽은 우리 백성이 살아서 우리 곁으로 돌아올까? 나는 유대 민족, 하느님이 선택하신 민족의 구세주는 다르리라고 봐. 이사야 예언자는 이렇게 말하고 있어. '모든 민족들이 모여오면서 말하리라. 주님의 산으로 올라가자. 야곱의 하느님 집으로 ! 그러면 그분께서 당신의 길을 우리에게 가르치시어 우리가 그분의 길을 걷게 되리라. 이는 시온에서 가르침이 나오고 예수살렘에서 주님의 말씀이 나오기 때문이다.'[11] 즉 모든 민족이 와서 시온의 산에서 예배보고 구원을 얻으리라고 기록하고 있어. 우리의 메시아는 평화의 구세주, 화해의 구세주로서 이스라엘 민족뿐 아니라 만민의 구세주가 되어야해."

"너는 너무 현실을 모르는구나. 시온의 산 위에 모든 민족들이 모여들기 위해서는 우리가 먼저 강력해져야 돼. 유다가 강력할 때 다윗 왕가에 주변 민족들이 우리와 친

---

11   이사야서 2, 3

교를 맺기 위해 몰려왔고 우리가 힘이 없을 때는 강대국 아시리아 왕국이나 바빌론 왕국이 우리를 비참하게 유린했어. 그리스의 안티오코스 4세 임금은 율법을 지키려는 우리의 선조들을 비참하게 죽이고 율법서를 불태웠으며 심지어는 할례 받은 아기를 목 졸라 죽이기까지 하는 악행을 저질렀어. 그러나 안티오코스의 이러한 만행을 징벌한 것은 뛰어난 무장 마카베오였어. 우리의 생명과 재산이 없어지고 예루살렘 성전이 불타고 그러한 폐허 위에 무슨 평화가 있어? 다윗 왕가가 재현되는 날 우리는 과거의 영화를 재현할 수 있어."

"우리는 하느님의 사랑을 잊어서는 안 돼. 하느님은 사랑으로써 인간을 만드셨고 당신의 모상대로 인간을 창조하셨다고 창세기에 기록되어 있어. 레위기에서도 이웃을 네 몸처럼 사랑하라고 가르쳤어. 비록 지금은 압제의 사슬로 우리를 옥죄일지라도 평화의 주님께서 오시는 날, 그들도 주님 앞에서 회개하고 돌아설 것으로 봐. 우리를 스스로 파멸시키는 것은 증오와 미움이야."

랍비의 딸은 분노와 멸시에 가득 찬 눈으로 마리아를 응시하다가 자리를 떴다. 아까부터 마리아의 뒤에서 그들의 대화를 엿듣고 있던 한 노인이 있었다. 그는 80이 다된 사람으로서 몸은 쇠약했으나 눈은 인생의 예지(叡智)로 형형한 빛을 띠고 있었다. 가까이 나무숲 사이에서 모습을 드러낸 사람은 후일 성전에서 구세주의 탄생을 처음으로 인지(認知)한 예언자였다.

"방금 하신 말씀은 정말 놀라운 지혜의 말씀이군요. 누가 어린 당신에게 이러한 말씀을 가르쳐 주셨나요?"

마리아는 어떤 노인이 다가와서 말을 걸자 적지 않게 놀랐다. 그리고 노인의 칭찬에 당황하는 빛이 역력했다. 마리아는 잠시 생각하다가 입을 떼어 말을 건넸다.

"저는 어려서 지혜의 말씀은 할 줄 몰라요. 저의 부모님께서 항상 말씀하셨어요. 우리의 메시아는 평화와 용서의 구세주이실 것이라고요."

"지혜의 말씀이 그대에게 자리 잡고 있음은 그대가 임마누엘을 볼 것이라는 표징(標徵)입니다. 제가 예언하건데 그대에게는 하느님 권능의 숨결이 함께 계시며, 전능하신 분의 영광이 그대에게 내릴 것입니다."

마리아는 이 예언자의 찬양에 넋을 잃었다. 그리고 집으로 돌아왔다.

예수의 탄생

예루살렘 성전은 여느 때처럼 어지럽고 붐볐다. 속죄제물, 친교 제물로 산비둘기, 집비둘기를 파는 상인들, 환전상들로 성전 앞뜰은 가득 찼고 인간의 탐욕과 권력의 부정이 거룩한 도성을 오염시켰다. 성전 경비대장과 제사장은 이들 상인들에게 좋은 자리를 배정해주는 대가로 뒷돈을 챙겼다. 후일 예수가 '아버지의 집은 기도하는 집이거늘 너희들은 이 거룩한 곳을 강도의 소굴로 만들었다.'고 말하면서 성전 정화 사건을 일으킨 곳이다.

2년이 지난 후 기원전 4년 어느 날, 성전으로 한 젊은 부부가 찾았다. 나자렛 처녀 마리아와 그의 배우자 요셉이었다. 마리아의 팔에는 후일 나자렛 사람 예수라고 불리어지는 아기가 들려 있었다. 그들은 로마 황제 아우구스투스의 칙령이 내려져 호적등록을 하기 위해 갈릴래아 지방 나자렛에서 유다 지방 베들레헴이라는 다윗 고을로 갔다.

　마리아는 그곳에 머무르는 동안 해산날이 되어 아들을 낳았다. 베들레헴은 예루살렘에서 남쪽으로 10km 떨어진 곳으로 이스라엘의 두 번째 왕 다윗이 태어난 곳이다. 베들레헴은 '빵집'이라는 뜻이다. 최후의 만찬에서 자신의 몸을 믿는 이들의 빵으로 내어준 예수 그리스도가 '빵집'이라는 마을에서 태어났음은 의미심장하다.

　오늘날 세계 인구의 3분의 1에 해당하는 23억 인류에 의해 구세주로 불리어지는 아기가 세상에 탄생한 지 40일 만에 산모의 정결례[12]를 위하여 예루살렘 성전을 부모와 함께 찾은 것이다.

　이스라엘 백성에게 정결례는 하느님께 나아가는 데 필요한 조건이었다. 정결함은 하느님과의 관계와 연관된

12　레위기 12장 '산모의 정결례' 참조

문제였고 깨끗하지 못함은 거룩함에 반대되는 것이었다. 그러나 역사상 가장 위대한 '정결례'는 예수의 '십자가상의 죽음'이었다. 예수는 십자가상에서 흘린 피로 인류의 죄를 씻었으며 인간은 내적으로 깨끗하게 되었다.

예언자 시메온은 구세주의 강림을 기다리고 있었다. 그는 2년 전 나자렛의 처녀가 말한 대로 평화의 구세주가 이 세상에 온다면 세상은 증오와 무력에 의해서가 아니라 사랑의 힘으로 평화와 안온함을 되찾을 수 있다고 생각하였다. 그리고 하느님의 뜻이 이루어질 것으로 생각하고 기도하였다.

세상은 칠흑같이 어두워 한 치 앞을 내다볼 수 없을 지경으로 혼탁하였다. 열심당원(zealot)들 중 일부는 로마를 이 땅에서 몰아내기 위하여 시카리(단검)를 외투에 감추고 있다가 장터같은 혼잡한 곳에서 로마에 협조하는 대사제와 세리, 로마 병사를 찌르거나 테러 행위를 펼쳤다. 열심당원들 중에서 이들은 '시카리'란 이름으로 불리어졌다. 이러한 극렬행위가 일어날 때마다 로마의 핍박은 더욱 거세졌다.

시메온은 증오와 분노 대신 평화와 용서의 메시아가 강

림하기를 열망하였다. 시메온은 메시아의 강림을 가장 일찍 알게 된 선지자(先知者)였다. 그의 기력이 쇠잔하여 더 이상 버틸 힘이 없자 그는 메시아를 죽기 전에 뵙게 해달라는 이 늙은 종의 소망을 하느님께서 외면하신 것이 아닐까 하고 의심하였다. 그러자 그는 어느 날 하느님의 음성을 들었다. 시메온은 하느님의 영에 이끌려 예루살렘 성전을 찾았다. 시메온이 죽기 전에 평화의 주님 얼굴을 뵙게 해주십사하는 그의 열망의 기도가 응답을 받은 것이다. 그는 단식하면서 성전 앞에서 기다렸다.

그때 성전의 계단을 걸어오고 있는 한 젊은 부부의 모습이 시메온의 눈에 들어왔다. 이윽고 시메온의 눈이 크게 움직였다. 바로 하느님의 섭리로 평화의 주님께서 이 세상에 오실 것이라고 자신의 믿음을 설파하던 나자렛 처녀, 마리아였다. 그는 본능적으로 바로 '이 아기다' 하고 직감하였다.

시메온은 마리아에게 다가갔다. 마리아는 첫눈에 그 노인을 알아보았다. 평화의 구세주를 찾기 위하여 갈릴래아 지방까지 순례하던, 열성적으로 메시아를 기다리던 노인이었다. 그는 마리아에게 그 아기를 보여줄 것을 청하였다. 마리아는 그가 예언자임을 알았다. 그리하여 기꺼이

예수를 그의 팔에 안겨 주었다. 시메온은 예수를 두 팔에 안고 하느님을 찬미하였다,

"이 아기는 이스라엘 민족이 기다리던 메시아십니다. 저는 이제 편안히 눈을 감을 것입니다. 주님께서 저의 소원을 이루어주셨습니다. 제 눈이 당신의 구원을 보았습니다. 이 아기는 모든 민족들에게 계시의 빛이 될 것입니다."

마리아와 요셉은 아기를 두고 하는 예언자의 말에 형언할 수 없는 놀라움과 신비를 느꼈다. 예언자는 계속 말을 이어갔다.

"당신은 그때 평화의 구세주를 이야기하였습니다. 그러나 이 백성은 불행히도 평화를 얻지 못할 것입니다. 그들은 전차와 기병대, 무력으로 군대를 이끄는 지상왕국의 왕을 기다리고 있습니다. 그러나 평화의 구세주는 마음의 평화, 용서와 화합을 이야기할 것이기 때문입니다. 이 아기는 후일 하느님이 창조하신 인간의 영혼을 하늘로 이끄는 선령(善靈)과 인간의 영혼을 죽음으로 이끄는 악령(惡靈)의 존재, 사탄과의 싸움을 이야기할 것입니다. 이 백성은 어쩌면 이분을 배척할 것입니다. 그는 유대 민족을 하느님과 화해시키고자 하겠지만, 오히려 공격받는 표적이 될지 모릅니다. 그로 인해 그는 수난을 받을 것이며 당신의

영혼은 칼에 찔린 듯 아플 것입니다."

시메온 예언자! 그의 무서운 예지(叡智)는 후일 그대로 실현되었다. 과월절(유월절) 날 죄수를 풀어주는 관습에 따라 로마 총독 빌라도가 바라빠와 예수 중 누구를 풀어주기를 원하느냐고 물었을 때 이스라엘 민중은 모두 '바라빠를 풀어주시오!'라고 외쳤다.

마리아는 축복이면서도 앞날의 험난한 여정을 뜻할지도 모르는 이 예언자의 말을 마음속에 새기고 있었다. 이사야 예언서를 읽으면서 통곡하던 아버지 요아킴의 목소리가 들려오는 듯하여 마리아는 불안을 감추지 못하였다.

예수의 어린 시절 갈릴래아의 정치 상황

    기원전 4년 헤로데 대왕이 죽고 로마의 속주인 헤로데 왕국은 아들들에게 분할되었다. 아르켈라오스는 아버지와 같은 왕으로서가 아니라 영주로서 유다와 사마리아 통치가 맡겨졌다. 헤로데 안티파스는 사분령영주(왕국의 4분의 1을 다스리는 영주)라는 칭호와 함께 갈릴래아와 페레아 통치를 맡았다. 필립포스는 갈릴래아의 동쪽지역인 바타나이아, 가울라니투스(지금의 골란 고원) 등 지역의 사분령영주가 되었다. 헤로데 안티파스는 서기 4년부터 37년까지 다스렸다. 예수 생애 동안 갈릴래아 지역을 다스린 셈이다.

유다 지역은 아르켈라오스의 통치 10년간의 폭정으로 유대인들의 반란과 그에 대한 잔인한 진압이 끊이지 않자, 결국 서기 6년 로마 황제 아우구스투스에 의하여 아르켈라오스는 면직당했다. 그의 영토는 시리아 속주에 편입되었으나 보통 카이사리아에 거주하는 유다 총독이 통치했다. 예수의 공생활 동안 유다 총독은 서기 26년에서 36년까지 통치한 본시오 빌라도였다.

　시기 6년 예수가 아직 소년이었을 때 세포리스를 근거지로 하여 '갈릴래아의 유다'가 대대적인 반란을 일으켰다. 이들은 기원전 4년 헤로데 대왕이 죽고 세포리스를 근거지로 규모가 작은 반란을 일으켰다. 그들은 갈릴래아 전역에서 유대인 부자와 귀족들의 가택을 약탈하고 그들이 권력을 쥐고 있던 마을을 불태웠다. 10년이 지나자 그 운동은 점점 규모가 커지고 더욱 맹렬해졌다. 서기 6년 유다가 공식적으로 로마에 편입되고 시리아의 총독인 퀴리니우스가 새로 점령한 지역의 주민과 재산을 파악·정리하고 세금도 원활하게 부과하기 위해 인구조사를 진행했다. 유다와 그 추종자들은 로마에 세금을 바칠 수 없다며 격렬하게 저항했다.

후일 예수를 얽어맬 작정으로 바리사이들이 예수에게 던진 질문도 '로마 황제에게 세금을 바쳐야 합니까, 바치지 말아야 합니까?'였다. 황제에게 세금을 바쳐야 한다고 주장하는 사람은 열심당원에게는 반역자였고 그는 죽어 마땅했다. 그리고 황제에게 세금을 바치지 말아야 한다고 대답하면 황제에 대한 반역으로 고발당할 것임이 분명했다. 여기에 예수의 그 유명한 답변이 나왔다.

　　"황제의 것은 황제에게, 하느님의 것은 하느님에게 바쳐야 합니다."

　　갈릴래아의 유다는 반란 과정에서 메시아를 자처하며 다윗의 왕권에 대한 야망을 공공연히 드러내었다. 인구조사에 대한 문제 때문에 반란을 일으킨 지 오래지 않아 유다는 로마 군에 붙잡혀 처형되었다. 그리고 갈릴래아의 유다에 동조했다는 이유로 로마는 세포리스로 진격해 도시를 완전히 불살라버렸다. 남자는 닥치는 대로 학살당했고 여자와 아이는 노예로 팔려갔다. 한꺼번에 2,000명이 넘는 반란군이 십자가에 처형되었다.

　　죄수를 엎어놓고 매질할 때 사용하던 형틀을 수직으로 세워 사형수를 매달아 죽이는 처형 방법은 기원전 71년 노예 반란을 일으켰던 스파르타쿠스 일당을 로마로 들어가는 아피아 가도에 세운 6,000개의 십자가에 매달아 죽인 것이 그 효시였다. 매달려 죽어가는 반란군을 보며 다시는 반역할 엄두를 내지 못하게 할 목적이었다. 세포리스에서 갑자기 2,000개의 십자가를 제작할 때 인근의 목수가 모두 동원되었을 것이고 나자렛의 목수 요셉도 동원되었을 것이다. 세포리스는 나자렛에서 북서쪽으로 8㎞거리에 있는 성읍이다. 그리고 열 살 된 소년 예수도 아버지를 따라 세포리스에 가서 그 잔인한 광경을 보았다. 하느님의 이름으로 행해진 폭력은 아무것도 해결하지 못하였고 유대 민족의 삶은 더욱 고달프게 되었다.

서기 8년부터 10년까지 헤로데 안티파스에 의하여 세포리스의 재건 공사가 진행되었다. 이때에도 역시 요셉은 그 공사에 동원되었으며 건강을 많이 해쳐서 일찍 죽게 되는 원인이 되었다.

예수, 세례자 요한으로부터 세례를 받다

티베리아스 황제의 치세 15년[13]에 레위 지파에 속한 즈카리야 사제의 아들 요한은 요르단 부근의 모든 지방을 다니며 죄의 용서를 위한 회개의 세례를 선포하였다. 예수는 나자렛을 떠나 요한이 세례를 베푸는 곳으로 와서 세례를 받았다. 세례자 요한의 연설은 장강(長江)의 급류처럼 과격하고 준엄했다.

---

13   루카 3, 1 이는 예수의 공생활에 대한 연대기를 확립하는 데 중요한 단서를 제공한다. 티베리우스 통치 15년은 서기 27년–28년에 해당하며 예수가 공생활을 시작한 것은 서기 27년으로 보인다.

"하늘나라가 가까웠다. 회개하고 믿어라!"

그는 또한 사제들과 율법학자들이 세례를 받으러 오자 준엄하게 꾸짖는다.

"독사의 자식들아! 다가오는 진노를 피하라고 누가 너희에게 일러주더냐? 도끼가 이미 나무뿌리에 닿아 있다. 좋은 열매를 맺지 않는 나무는 모두 찍혀서 불 속에 던져진다. 나는 너희를 회개시키려고 물로 세례를 준다. 그러나 내 뒤에 오시는 분은 불과 성령으로 세례를 주실 것이다. 또 손에 키를 드시고 당신의 타작마당을 깨끗이 하시어, 알곡은 곳간에 모아들이시고 쭉정이는 꺼지지 않는 불에 태워 버리실 것이다. 과거 예언자는 말하였다. '너희는 옷이 아니라 너희 마음을 찢어라!'[14] 형식적이고 겉치레뿐인 회개는 필요 없다. 너희는 진실로 회개에 합당한 열매를 맺어야 한다. 옷을 두 벌 가진 사람은 한 벌도 못 가진 이들에게 나누어 주어라. 먹을 것을 충분히 가진 자들은 굶주리는 자들에게 나누어 주어라. 예레미아 예언자는 '너희가 참으로 너희 길과 너희 행실을 고치고 서로 올바른 일을 실천한다면, 너희가 이방인과 고아와 과부를 억

---

14 요엘서 2, 13

누르지 않고, 무죄한 이들의 피를 이곳에서 흘리지 않으며 다른 신들을 따라가 스스로 재앙을 불러들이지 않는다면, 내가 너희를 이곳에, 예로부터 영원히 너희 조상들에게 준 이 땅에 살게 하겠다.'[15]고 말하였다."

많은 사람이 그에게 죄를 고백하고 세례를 받았다.

예수는 요르단 강가에서 세례자 요한을 만났다. 예수는 먼발치에서 세례자 요한을 바라보았다. 세례자 요한은 나가서 예수를 맞이하였다. 성전의 사제인 즈카르야의 아들 요한은 예수를 알고 있었다.

"하느님의 어린 양이신 구세주께서 오늘 무엇 때문에 여기에 오셨습니까?"

"오늘 회개의 의식을 거행하고 싶습니다."

"그러나 저는 세례를 베풀 수 없습니다. 제가 오히려 세례를 받아야 할 텐데요."

"잠자코 세례를 베풀어주시기 바랍니다. 저는 세례를 받음으로써 인간에게 회개의 중요성을 전하고 마땅히 의로움을 이루고자 하는 것입니다."

---

15   예레미아서 7, 5-7

예수는 죄인의 자리에서 요르단 강에 들어갔다. 하느님의 의로움을 이루기 위하여 죄로 얼룩진 이 세계의 인간들과 연대(連帶)를 표현하기 위한 것이기도 하였다. 예수는 분명 인간이 범한 죄를 짊어지고 요르단 강으로 들어갔다. 그리고 이는 훗날 십자가의 수난과 부활로 완성되었다.

세례자 요한은 범인(凡人)으로서는 생각지도 못한 예지를 갖고 있었다. 그는 예수가 요르단 강변에서 세례를 마치고 올라올 때 하느님의 성령이 비둘기의 형상으로 내려오는 것을 보았다고 증언한다. 요한의 어머니 엘리사벳은 원래 임신하지 못하는 몸이었으나 하느님의 은총에 힘입어 요한을 갖게 되었다. 요한은 태어날 때부터 구세주를 알아볼 수 있는 눈을 가지고 태어난 것이다. 인간은 원조 아담이 죄를 지은 후 자신의 생각과 욕심에 갇혀서 점점 하느님을 잊게 되었고 하느님의 형상을 보지 못하게 되었다.

예수가 사람들 사이로 지나갈 때 요한이 말하였다.

"보라, 하느님의 어린 양이시다."

이는 인간의 죄를 짊어지고 가는 예수의 수난을 예언한 것이다. 후일 세례자 요한이 헤로데 안티파스에 의하여 체포되자 요한의 제자들은 예수를 따라가게 된다.

예수는 얼마간 세례자 요한의 곁에 머물렀다. 예수 역시 하느님 나라의 도래를 알리며 사람들의 회개를 촉구했지만 이른바 다른 종말론적 예언자들과는 달랐다. 그리고 예수는 금욕을 위한 규율 같은 것도 요구하지 않았다. 바리사이들이 월요일과 목요일에 행하던 자발적인 금식도 요구하지 않았다. 그러니까 종교적인 행동과 태도를 이른바 순수한 사람들에게만 허용하는 등 어떤 제약을 가할 우려가 있는 일체의 종교적 실천들은 모두 제거해버린 것이다. 그 이유는 간단하다. 구원의 메시지는 모든 사람을 위한 것이기 때문이다. 여기에는 어떤 차별도 있을 수 없다. 그러나 바로 이 점에 있어 예수는 요한 세례자의 사상을 이어받아 발전시킨 것이다.[16]

또한 그의 구원의 메시지는 모든 사람에게 전달되는 메시지이다. 이로써 사회적, 종교적, 인종적인 장벽은 타파되었다. 그것은 하느님의 구원이 모든 사람에게 이를 수 있도록 하려는 것이다. 하느님은 본래 모든 사람에게 말씀을 하신 것이며 사제에게만 말씀하려던 것은 아니었다. 모든 사람은 레위인의 거룩함을 하나의 이상으로 추구해

---

16   샤를르 페로 교수 '예수와 역사'

야 할 의무가 있다. 그러나 여기에서 거룩함이란 자칫하면 의식적인 완전함을 추구하는 사람들의 집단을 대중으로부터 격리시키고 고립시킬 수 있는 위험을 안고 있다. '의인'으로 자처하는 사람들은 '죄인'으로부터 스스로 떨어지려 하고, 경우에 따라서는 일반 '서민'으로부터도 떨어져 나가기 마련이었다.

세례자 요한의 세례는 율법학자들의 자질구레한 의례적인 규정을 제대로 따를 수 없는, 가난하고 소외된 사람들에게 제공되었다. 그는 속죄 제물을 바쳐야 죄의 사함을 받던 성전 제사에 입각한 죄 사면의 제도를 완전히 무시하고 누구든 마음을 고쳐먹고 세례자의 의례적 동작, 곧 침례를 받기만 하면 누구나 구원을 받을 수 있다고 하였다.

이것은 모두에게 개방된 종교이며 당시의 사회를 갈기갈기 찢어 놓았던 정결례의 규정을 완전히 묵살하고 평범한 사람들의 수준에 호응하는 새로운 종교였다. 요한과 예수는 같은 노선을 따라 이른바 '죄인들'에게 설교의 말씀을 전하였고, 창녀에게도 같은 말씀을 전해주었다. 이들은 심지어 유대인이 아닌 군인에게도 설교하였으니 이들 중에는 로마군의 장교도 있었다.

당시 바리사이의 기준대로 하면 '의인들'은 율법을 철저히 준수하는 이른바 '격리된 사람들'이었다. 그러나 예수가 복음을 전한 집단은 바리사이들이 아니라 일반 서민, 세리와 창녀 그리고 사마리아인 등 이방인들이었다. 예수는 심지어 위선적인 바리사이나 율법학자들을 비난하며 '너희보다 세리와 창녀들이 하느님 나라에 더 일찍 들어갈 것이다.'라고 하였다. 그리고 '나는 의인이 아니라 죄인들을 부르려 왔다.'고 설파하였다.

예수, 광야에서 단식하며 기도하다

예수는 요르단 강에서 세례를 받고 얼마의 시간이 지난 후 광야로 나갔다. 광야의 동굴 하나에서 자리 잡은 예수는 낮의 따가운 햇볕을 피하면서 기도하고 묵상하였다. 성경에서는 광야에서 40일간 기도하던 중 사탄에게 시험을 받았다고 나오는데 이 장소로서는 예리코 광야 서쪽의 예벨 카란탈(Jebel Qarantal, 쾨란테나 산)을 지목하고 있다.

광야는 이스라엘 민족이 가나안 땅에 들어오기 전에 40년간 물과 만나를 하느님으로부터 받으며 고난을 겪은 장소였다. 광야는 또한 명상과 축복의 장소이며 메마른 땅,

풀 한포기 없는 땅에서 인간의 한계를 깨닫고 하느님의 손길을 기다리는 땅이다. 적막과 바람 부는 소리, 그 속에서 영혼이 하느님이 부르는 소리에 응답할 수 있다. 예수는 전쟁의 참화, 기아와 폭정에 시달린 이 민족에게 하느님의 사랑을 어떻게 전할 수 있을까를 생각하며 끝없이 명상에 잠겼다.

이집트를 탈출하는 시기, 이스라엘 백성은 광야생활에서 오는 목마름, 배고픔, 전쟁의 위험으로 끊임없이 불평·불만을 제기하였다. 하느님에 대한 믿음의 부족, 이스라엘 백성의 한계성과 나약함을 드러냄과 동시에 광야라는 메마른 땅에서 삶의 갈망을 드러내었다. 하느님은 목마름을 쓴물을 단물로 바꾸시어 해결하시고, 배고픔은 만나와 메추라기 떼를 백성에게 주시어 해결하셨다, 전쟁의 위험은 아말렉 족에게 승리하도록 이끄심으로써 위협을 없애셨다.

광야는 이스라엘 백성의 여정과 혼이 서려있는 곳이다. 시나이 광야에서 모세는 주님과 함께 밤낮으로 40일을 지내면서 빵도 먹지 않고 물도 마시지 않으면서 주님의 말씀 십계명 판을 받았다. 예수는 광야에서 하느님 아버지로부터 무엇을 얻을 수 있을 것인가? 야훼께서 하늘에서 내려주신 만나 대신, 사람들이 영원한 생명을 얻기 위하여 무엇을 이들에게 줄 수 있을 것인가?

사람들은 주님께 대한 순종을 지키며 절제하고 금욕하기보다는 향락과 방종에 빠지는 경우가 많다. 그리고 종말은 하느님에 대한 불순종과 파멸이다. 인류는 이 지혜를 천년 세월 동안 지혜서, 잠언의 교훈서를 통해 수없이 들어왔을 것이다. 그러나 사탄의 흉계로 세상에는 죽음이 들어왔다.

인간의 질투심, 분노, 탐욕, 적개심 등 사탄이 인간의 마음을 지배하여 인간사회에는 비극이 끊이지 않았고 사탄은 인간의 약점을 파고들어 한줌의 권세에 취한 인간을 오만함과 탈선으로 이끌었다. 교만으로 인해 인간은 사탄의 종이 되었고 파멸로 치달았다. 아! 어떻게 하면 인간세계의 모든 죄악, 사악함, 분노와 적개심, 질투심과 탐욕을 없애고 겸손한 하느님의 자녀로 다시 태어나게 이끌 수 있을까? 하느님 아버지의 사랑을 어떻게 사람들에게 전할 수 있을까?

인간은 에덴의 낙원에서 쫓겨난 후 하느님의 사랑을 잃었다. 하느님의 사랑을 믿지 못하는 인간은 '만인의 만인에 대한 투쟁'으로 날을 지새웠다. 분명 신명기의 율법은 고아, 과부, 이방인들에 대하여 보호하고 더불어 살 것이며 자선을 행할 것을 명하였다. 유다의 예언자들은 끊임없이 고아와 과부에 대해 그들의 권리를 되찾아 주고 정의와 공정을 회복할 것을 촉구하였다.

잠언은 첫머리에 이 교훈의 목적은 정의와 공정을 사람으로 하여금 터득하게 하는 것이라고 가르쳤다. 그러나 불쌍한 고아, 과부는 버려졌고 그들의 권리는 처참하게 유린되었다. 남편을 잃고 피눈물을 뿌리며 상여 뒤를 따르는 과부의 처지를 사람들은 동정하나 그들에게 베푸는 자선에는 인색하였다. 고아들은 거리에 버려졌고 굶주렸다. 하느님의 사랑에 사람들은 어떻게 하면 눈을 뜰 것인가? 소외되며 멸시받고 원망에 가득 찬 사람들에게 어떻게 하면 하느님의 사랑을 전할 수 있을까?

고난으로 점철된 유대 역사

　이스라엘은 끊임없이 주변 강대국에 의해 침략 당하였고 경제적 수탈을 겪었다. 출애굽 당시부터 이집트 파라오는 이스라엘 백성에게 저주의 대상이었다. 그 뒤 아시리아, 바빌론, 페르시아, 그리스 제국을 거쳐 로마제국이 그들을 계속 옥죄고 있었고 이방민족에 대한 유대인의 증오와 반감은 끝 간 데를 모르고 치닫고 있었다.

　예루살렘은 기원전 587년 바빌론 제국에 의하여 함락되었다. 역사가 요세푸스는 그때의 참상을 이렇게 전한다. 일찍이 한 나라의 수도가 이렇게 처절하게 다른 나라에 의하여 유린된 적은 없었다. 피에 굶주린 바빌론의 병사들은 남자는 노소를 불문하고 닥치는 대로 살육하였으며 여자는 강간 후 죽였다. 불타는 거리에서 부모를 잃은 아이들의 울음소리가 거리를 메웠고 예루살렘의 도성은 아비규환의 모습이었다. 남은 사람은 신분이 미천하거나 가난한 자를 제외하고 모두 칼데아 인에 의하여 끌려갔다. 그로부터 50년 뒤 페르시아의 키루스 왕으로 정복자가 바뀌었으며 키루스 왕은 유대인의 귀환과 성전 재건을 허락하였다.

그 후 기원전 320년경 일어난 알렉산더 대왕에게 복속된 예루살렘은 프톨레마이오스 왕조의 손에 넘어갔다가 기원전 200년 경 셀레우코스 왕조의 안티오코스 왕으로 지배자가 바뀌었다. 그의 아들 안티오코스 4세 즉 안티오코스 에피파네스의 폭정에 넘어간 이스라엘 백성은 유다 역사상 가장 치를 떠는 유대인에 대한 학정과 신성모독을 경험한다. 유다 율법서는 보이는 대로 불태워졌고 계약의 책을 가지고 있거나 율법을 따르는 자는 사형에 처해졌다. 제 아이들에게 할례를 베푼 이스라엘 인들은 왕명에 따라 사형에 처해졌고 그 젖먹이들은 목매달아 죽였다. 율법에 금지된 음식을 먹기를 강요당하였으나 그들은 음식으로 더럽혀지기보다 차라리 죽음을 선택한 이들도 많았다. 성경에 나오는 어머니와 일곱 아들의 순교도 안티오코스 에피파네스 시절 일어난 일화이다.[17] 에피파네스는 신의 현현(顯現)을 뜻하며 안티오코스 4세는 자신을 신격화하였다.

마카베오와 그의 형제들은 이러한 안티오코스 왕에게 저항하여 유다 왕국이 무너진 후 약 400년 만인 기원전 164년 유다의 성지 예루살렘을 수복하였다. 더럽혀진 성전을 복원·정화하고 그해 키슬레우 달 스무닷새 날(12월) 거행된 이 새로운 축성식을 기억하고자 하누카(성전봉헌축제)를 제정했다. 기원전 140년 독립된 왕조인 하스모네아 왕조가 시작되었다. 그러나 대사제직과 왕을 겸비한 하스모네아 왕조의 왕은 유다를 가혹하게 통치하였다.

유다가 로마의 속주가 된 후 로마에 의해서 분봉왕으로 봉해진 헤로데 대왕 역시 로마에 대한 막대한 조공과 기원전 30년경부터 시작된 대건설 기간의 엄청난 공사로 인

---

17   마카베오기 하권 7장

하여 세금을 가혹하게 거두어들여 예루살렘의 부유한 지배계층과 지방의 소농 사이의 빈부격차는 엄청나게 벌어졌다. 이 건설기간 동안 예루살렘에 원형극장, 파사엘 탑, 마리암 탑을 갖춘 왕궁, 베들레헴의 헤로디움 같은 화려한 궁전, 예루살렘의 두 번째 성벽, 카이사리아 도시건설, 예루살렘 성전 공사, 안티파트라스 도시재건, 마사다 고대 요새 건설 등이 이루어졌다. 이러한 비참한 생활 속에서 유대 민족의 가슴 속에 메시아의 열망이 불타올랐다. 헤로데는 기원전 4년에 죽었고 같은 시기에 예수는 탄생하였다.

예수와 바라빠의 만남

　멀리서 사람의 그림자가 어렴풋이 보이는 듯하였다. 그림자는 예수가 있는 동굴을 발견하고서는 곧장 다가왔다. 그림자의 주인공은 바라빠라고 하는 유대인 청년이었다. 열심당원으로서 로마를 무력으로 몰아내고 유다의 독립된 왕국을 세우겠다는 포부를 지녔던 열혈 청년이었다. 그는 유다민족은 로마의 피압박민족으로서 고통을 겪고 있으며 그들의 고난과 굶주림을 없애줄 메시아의 역할을 예수와 자신이 수행할 수 있으리라 생각하였다.

　예수가 바라빠에게 말을 걸었다.

"여기는 아무도 살지 않는 황량한 사막이오. 어떻게 이곳에 오셨소."

바라빠는 말을 받았다.

"저는 바라빠라고 하는 유다의 청년이오. 유다의 민중은 이민족의 학정에 의해 끊임없이 수탈당해왔고 그들을 끝없는 고통에서 구해줄 메시아의 열망으로 불타고 있소. 그들은 굶주리고 있으며 백성의 원성은 하늘에 사무치고 있소. 이제 유다의 백성이 일어나서 불구대천의 원수 로마를 쫓아내고 다시 다윗 왕을 이을 왕국을 건설할 때입니다. 오늘 선생을 찾아뵌 것은 다름이 아니라 선생의 지혜와 하느님을 따르는 당신의 의지를 높이 산 까닭이요. 우리는 로마와의 투쟁에 있어서 성공할 수 있는 조건을 갖추고 있소. 다윗 왕의 용맹과 하느님께 대한 순종, 뒤이은 솔로몬왕의 지혜, 그리고 하느님이 그들과 함께 함으로써 예루살렘 도읍이 번영을 구가하였듯이 우리가 힘을 합쳐 악의 세력인 로마인을 몰아내고 새로운 다윗 왕국을 건설합시다. 당신은 유다 지파 다윗왕의 후손이요, 존경받는 예언자이지 않소. 그러니 당신의 지혜와 신원(身元), 백성의 신망과 나의 무력과 강건함이 합쳐진다면 다시 유다의 천년왕국을 세울 수 있소. 나와 당신은 세상의 부귀와 영화를 누릴 것이며, 눈 아래 보이는 저 세상을 당신과 나의 뜻대로 다스릴 것이오."

　예수가 말을 이어갔다.
　"아버지의 뜻을 나는 거스를 수 없습니다. 당신이 말하는 길은 우리의 영혼이 투명해지지 않고 아버지의 뜻을 모르면서 단지 압제자를 격멸하는 것으로 이루어질 수 있는 길은 아닙니다. 지금 무력과 폭력으로 로마인을 쫓아낸다고 하더라도 아버지의 길을 따르지 않는 한, 이 나라의 평민들은 또 다른 압제자의 포악함에 종속될 뿐이지요. 무릇 사람은 빵만으로 살 수 없습니다. 하느님 아버지께서 우리에게 들려주신 사랑의 계명을 지키지 않고 우리의 마음이 강퍅해진다면 세상은 또 다른 지옥을 경험할 뿐입니다. 백성들은 하느님이 주신 사랑을 잃고 또다시 서로가 서로를 적대하며 세상을 사악함과 적개심이 들끓는 지옥으로 만들 뿐이요. 유다 왕국 초기, 다윗 왕과 솔로몬 왕 시절에 고아와 과부를 돌보며 주님의 계명을 지켰던 의인들의 시대에는 나라가 부강함을 누렸소. 그러나 아버지의 뜻을 거스르고 고아와 과부를 학대하며 정의와 공정을 잃어버린 지금은 주변의 나라가 하느님 아버지의 도구로 쓰여 유다에 대하여 심판하고 있음을 알아야 하오. 내가 가는 길은 당신과 다릅니다. 이 땅에 진정한 하느님의 왕국이 세워질 때 로마는 아버지를 따르는 세상의 빛이 될 것이오."

바라빠가 반박했다.

"아버지의 길이 무엇이오? 한갓 이상에 취해서 백일몽 같은 말씀을 늘어놓고 있군요. 나는 당신이 예언자요, 백성의 고난을 없애줄 수 있는 메시아라고 생각하였소. 로마의 수탈이 없다면 우리 백성들은 한결 안락하고 배부름을 만끽할 수 있을 것이오. 우리가 하느님의 자비만을 내세워서 지금 여기에서 백성의 고통을 외면한다면 당신을 진정한 메시아라고 할 수 없소이다. 그리고 어찌 아버지의 뜻을 묻지도 않고 그분의 뜻을 속단한단 말이요. 당신이 군대를 지혜로 이끈다면 아버지께서도 그분의 천사들을 보내시어 당신을 보호할 것이오. 예언자가 말했듯이 당신이 성전 꼭대기에서 몸을 날린다 하더라도 아버지께서 보내신 수호천사들이 당신을 보호하여 당신의 발끝하나 다치지 않게 하실 것이오."[18]

---

18 시편 91, 11-12

예수는 바라빠를 바라보며 안타까운 마음으로 답하였다.

"당신은 지금 하느님 아버지의 뜻을 거역하여 낙원에서 쫓겨난 사탄의 길을 걷고 있소. 내가 어찌 아버지의 뜻을 알고 있으면서 다른 길로 갈 수 있단 말이오. 어찌하여 아버지의 뜻을 내가 시험할 수 있단 말이오. 나는 사람들에게 '원수를 사랑하라'고 가르쳤소. 하느님 아버지께 맡겨야 합니다. 당신은 예언자가 아닐뿐더러 이 세상을 심판하는 사람은 더더욱 아니지 않소. 나는 사랑을 심기 위하여 세상에 왔소. 로마인도 언젠가는 하느님의 참된 자녀로 돌아올 날이 있을 것이오. 나는 그날까지 아버지의 뜻을 백성에게 심어줄 것이오. 죄인들, 미천한 이들, 병자들을 위하여 아버지께 청하고 그들의 마음과 몸을 위로하고 치유해줄 것이오. 바라빠 당신의 무기와 살인은 당신을 옥죄는 죄악이 되어 당신을 하느님 나라에서 멀어지게 할 것이오."

바라빠는 완강했다.

"그렇다면 당신은 당신 방식대로 하시오. 나는 나의 뜻대로 하겠소. 로마인들을 장터에서, 생활하는 곳에서 단검으로 처단할 것이오. 그리고 누가 하느님 아버지의 뜻을 실현하고 있는지 언젠가 판명날 것이오. 내가 로마인들을 모두 이 땅에서 몰아내는 날, 나는 다윗의 왕관을 쓰고 나의 자손들은 영원히 다윗의 영광을 계승한 위대한 왕으로 나를 찬양하게 될 것이오."

예수는 탄식하며 마지막 말을 내뱉는다.

"아! 어찌하여 당신은 시작은 미약하지만 그 끝은 창대하리라는 선현의 말씀을 들어보지 못하였소. 사랑의 씨앗은 겨자씨처럼 보잘 것 없지만 이 사랑의 불이 하느님의 영으로 타오르는 날, 사랑의 씨앗은 위대한 결실을 맺을 것이오. 지금 세상에서 나의 길이 비록 보잘 것 없고 현세에서 덧없이 끝나버린 의인으로 폄하하겠지만 나의 때가 올 때에는 세상은 아버지의 깊은 뜻을 알고 다시 용약(勇躍)할 것이오. 지금 당신은 우선은 로마의 일부분을 파괴하고 그들에게 승리할 수 있을지 모르나 결국 세상 끝 가는 곳까지 세력을 넓힌 로마의 군대에게 패할 것이고 역사는 당신을 한갓 잡졸로 기억할 뿐이오. 잘 성찰하도록 하시오."

바라빠는 소용이 없음을 알았다. 후일 예수의 제자, 유다 이스카리옷은 바라빠와 내통하여 이 세상의 권세와 재물을 취하는 것이 백성의 간난(艱難)과 어려움을 구제하는 것이라고 생각하고 예수에게 끈질기게 바라빠의 유혹을 권한다. 그때마다 예수는 슬픈 눈으로 유다를 바라보며 유다를 질책하고 또 타이르기도 하였다.

사탄은 항시 인간이 물질만으로 살 수 있다 하여 하느님의 사랑의 정신을 공격하고 인간 각자가 자기 몫을 찾기 위해 폭력에 호소하도록 유혹한다. 인간은 빵만으로 사는 것은 아니고 하느님의 말씀으로 살아야 한다. 악마를 뜻하는 그리스어인 '디아블로스'는 '갈라치는 자'라는 뜻이다. 악마는 사람들에게 화합과 일치 대신 분노와 적개심을 선동하고 부추겨 인간 세계에 끊임없이 갈등과 다툼을 유발한다.

세례자 요한의 수난

세례자 요한은 하느님 나라의 도래를 알리며 각계각층의 유대인들을 끌어 모았다. 심지어는 헤로데 안티파스 휘하의 군인들마저 그에게 몰려갔다. 세례자 요한의 명성은 높아져 갈릴래아 일대로까지 널리 퍼졌다, 그리하여 헤로데 안티파스도 더 이상 요한을 그냥 둘 수 없다고 생각하고 요한을 티베리아스 궁으로 불렀다. 그에게 하느님 나라를 선포하면서 지상왕국의 왕이 되려고 한다는 모반의 죄를 뒤집어씌우려 한 것이다. 티베리아스 궁전에서 세례자 요한은 헤로데 안티파스와 만났다.

"요한 당신이 요르단 강가에서 추종자들을 선동하고 하느님의 나라에서 당신이 왕 노릇을 할 것이라며 유다전통을 무시하고 마음대로 세례를 베풀고 있다는 이야기를 들었소."

"저는 오로지 메시아의 강림을 이스라엘 백성들에게 알려주는 역할을 했을 뿐 저 자신에 대하여 이야기하지 않았습니다. 하느님의 나라가 가까이 왔음은 예언자들이 유다 왕국 때부터 했던 이야기입니다. 예부터 유다 왕국은 오로지 야훼 하느님께서 만군의 주님으로서 왕권을 갖고 다스려왔습니다. 어찌하여 앞으로 다가올 하느님의 나라에서 제가 왕권을 갖겠다는 말씀을 드릴 수 있겠습니까? 우리 조상들이 이집트에서 나올 때 낮에는 구름기둥으로, 밤에는 불기둥으로 조상들을 인도하신 주님께서 이스라엘을 다스려 오신 것입니다. 그리고 그분의 나라는 끝이 없고 영원하시리라고 저는 말하였습니다. 그러므로 다윗 성왕도 하느님의 종이라고 스스로 부르지 않았습니까? 저는 '회개하고 하느님의 말씀을 믿어라'고 백성에게 가르쳤습니다."

헤로데는 논리 정연한 세례자 요한의 말에 더 이상 할

말이 없음을 깨닫고 말을 율법에 관한 가르침으로 돌렸다.

"알겠소. 요한 당신은 이스라엘 백성으로부터 예언자로 존경받고 있음을 나는 잘 알고 있소. 당신은 율법서에도 정통한 것으로 알고 있는데, 나에게 해줄 수 있는 말씀이 없겠소?"

요한은 당당하게 헤로데 왕에게 충고의 말을 건넸다.

"저는 대왕께서 동생 필리포스의 아내 헤로디아를 취한 것은 잘못된 일임을 말씀드립니다. 이는 의로운 일이 아닙니다. 모세의 율법도 동생이 살아있는 동안 그 아내와 결혼하는 것을 금하고 있습니다.[19] 대왕께서 불의한 일을 행함으로써 신하와 백성에게 의로움을 찾으라고 타이를 수 없게 되었습니다. 다윗 성왕도 히타이트 장수, 우리야의 아내 밧세바를 범하였으나 나탄 예언자에게 잘못을 고백하고 야훼 하느님께 용서를 청하였습니다. 누구나 실수를 범할 수 있습니다. 그러니 하느님 앞에서 죄악을 뉘우치고 회개하셔야 합니다."

헤로데 안티파스는 분노로 얼굴이 일그러졌다. 그러나

---

19   레위기 20,21 어떤 사람이 자기 형제의 아내와 결혼하면 이는 불결한 짓이다. 그는 자기 형제를 불명예스럽게 한 것이다.

세례자 요한은 예언자요, 백성의 스승이었다. 유다 전통에서 예언자를 함부로 죽이거나 감옥에 가두는 것은 그 예언이 거짓으로 밝혀질 경우뿐이었다.

"알았소이다. 세례자께서는 요르단 강으로 돌아가시어 회개를 위한 세례를 계속하시오."

장막 뒤에서 이 대화를 엿듣고 있는 사람이 있었다. 헤로디아였다. 헤로디아는 궁궐의 사치와 향락에 젖었으며 왕비로서의 권세와 위력에 취해 있었다. 그는 헤로데 왕으로부터 버림을 받는다면 그 순간 이스라엘 전통에서 자신에게 들이닥칠 운명이 어떤 것인지 잘 알고 있었다.

요한은 갈릴래아에서 요르단 강으로 돌아오는 도중에 타볼 산 인근에서 왕궁 경비병에 의해 체포되어 사해 동쪽에 있는 해발 800미터 고지의 마케루스 요새에 갇히게 된다. 요한은 압송되는 도중 경비병에 의해 물과 음식조차 제대로 제공받지 못한 채 거의 죽을 지경이 다 된 몸으로 요새에 도착하게 된다.

요한이 붙잡혔다는 소식을 접한 제자들은 마케루스 요새의 경비병을 매수하여 한밤중 삼엄한 경비 하에 요한을 만나게 된다. 요한은 목에 칼을 쓴 채로 어두운 감옥에 갇

혀 있었다. 이미 몸은 쇠약할 대로 쇠약해져 있었고 세례
자의 삶도 얼마 남지 않은 것처럼 보였다. 제자들은 주위
를 의식해 소리 내어 울 수조차 없었다. 이어 제자 중의 한
명인 열심당원 시몬이 분노를 참지 못하고 격정을 쏟아
내었다.

"스승님, 스승님을 체포한 왕궁의 경비대는 헤로데의
첩 헤로디아가 보낸 군대라고 합니다. 그 사악한 여인은
헤로데가 자기 동생의 여인을 취한 것을 옳지 않다고 스
승님이 꾸짖은 데 대해 앙심을 품고 스승님에게 이렇게
잔악한 짓을 저질렀습니다. 그 요부를 죽이고 헤로데의
마음을 돌려놓아 스승님을 구출하겠습니다. 스승님! 기다
려주십시오."

세례자 요한의 눈빛이 어둠 속에서 빛난다. 비록 몸은
현저히 쇠약해졌다 하나 형형한 눈빛은 제자들의 가슴을
서늘하게 한다.

"너희들이 지금까지 나에게 무엇을 배웠단 말이냐? '하
느님 나라가 가까이 왔으니 회개하고 믿어라'는 가르침을
너희가 이렇게 받아들였단 말이냐? 증오와 복수는 또 다
른 피의 복수를 부르는 법이다. 나의 사명은 이제 끝났다.
나는 이사야 예언자가 말한 대로 '너희는 주님의 길을 곧

게 내어라'[20]고 광야에서 외치는 소리였다. 그러나 그분은 하느님의 아드님으로서 만민의 구세주가 되실 분이다. 너희는 그분을 찾아가 그분의 가르침을 받도록 하여라."

---

20   이사야서 40, 3

처음 만난 제자들

요한이 헤로데에 의해 체포된 후 안드레아와 시몬 베드로, 제배대오의 아들 요한은 스승의 말을 기억하고 예수를 따라갔다. 예수가 뒤돌아보고 '누구를 찾습니까?' 하고 묻자 그들이 대답한다.

"저희들은 스승님을 찾고 있습니다."

"제가 스승이라는 것을 어떻게 아십니까?"

"세례자께서 스승님을 가리켜 '하느님의 어린 양'이라고 가르쳐주셨습니다. 세례자께서 스승님이야 말로 참된 메시아라고 하셨으며 저희에게 위로와 평안의 말씀을 해주실 거라고 했습니다."

예수는 그들에게 물었다. "그대들은 누구입니까?"

"저는 시몬 베드로의 동생 안드레아이고 저 사람은 제
배대오의 아들 요한입니다. 저희들은 갈릴래아의 벳사이
다에서 왔는데 어부들입니다. 세례자는 저희들에게 회개
의 세례를 주셨으며 우리가 회개하면 영원한 생명을 얻을
것이라고 했습니다. 세례자는 스승님께서 세례 받을 때
비둘기의 표지가 하늘에서 내려오는 것을 보았다고 했습
니다."

"세례자 요한은 지금 어디 있습니까?"

"헤로데가 체포해서 지금 마케루스의 감옥에 있습니다.
저희들은 스승님을 구하려고 했으나 마케루스 감옥에서
도저히 구해낼 수가 없었습니다. 저희를 스승님과 같이
가게 해주십시오."

"그렇다면 이제부터 당신들을 제자로 받아들이겠습니
다. 만일 그대들이 재물을 바란다면 나의 제자가 될 수 없
습니다. 사람의 아들은 집도 없으며 머리 누일 곳도 없습
니다. 그대들은 한층 곤궁하게 될 것이나 영혼만은 한층
빛날 것입니다."

"예 스승님, 오직 스승님만이 빛을 주실 것입니다."

예수, 갈릴래아에서 전도하다

회당에 모인 사람들이 예수의 얼굴을 바라보았다. 예수
도 자애로운 미소를 띠고 그들을 바라보았다. 이윽고 예
수는 회중에게 입을 열어 위로의 말씀, 평화의 말씀을 건
네었다. 예수의 말은 부드럽고 힘이 있었으며 병고와 고
난에 지친 사람들의 마음을 어루만져 주었다.

"여러분 이스라엘 백성은 들으시오! 나는 이제 눈먼 사
람의 눈을 다시 보게 하고 귀 먼 사람의 귀를 듣게 하렵니
다. 가난한 이들에게 기쁜 소식을 전하고 잡혀간 이들에

게 해방을 선포할 것입니다. 지금은 주님의 은혜로운 때입니다.

하느님께서는 이스라엘 백성을 이집트에서 데리고 나오실 적에 낮에는 구름기둥으로, 밤에는 불기둥으로 이스라엘 백성의 앞길을 비추셨습니다. 마라에서는 쓴 물을 단 물로 바꾸셔서 이스라엘 백성의 목을 축이셨고 광야에서는 만나와 메추라기를 내리셔서 이스라엘 백성의 배를 채워주셨습니다. 그분이 이스라엘의 하느님이시며, 여러분은 하느님의 사랑받는 자녀입니다.

여기 지상에 여러분의 성전이 있다고 합니다. 그러나 성전은 여러분의 거룩한 마음속에 있습니다. 여러분이 성전에 내는 속죄제물이 중요한 것이 아니라 가난한 과부와 고아를 불쌍히 여기는 마음이 중요합니다.

이스라엘의 백성 여러분, 이제 구원의 때가 왔습니다. 그러니 착한 마음으로 구원의 길을 걸으십시오. 정직하고 친절하고 서로 사랑하십시오. 부자들은 교만하지 않으며 가난한 사람은 탐내지 마십시오. 나는 하느님의 계명들을 그대로 보여드리겠습니다. 바로 사랑입니다. 나는 모든 사람을 위하여 여기에 왔고 하느님의 빛을 주기 위하여 여기에 왔습니다.

새로운 영광이 여러분에게 내렸습니다. 바로 영원한 생명입니다. 하느님 아버지의 사랑을 믿고 우리가 하느님의 사랑받는 자녀라는 진리를 깨달은 사람은 죽더라도 살고 곧 영원한 영광 아래 놓일 것입니다."

제2부

인연의 시작

마리아 막달레나, 예수를 처음 만나다

마리아 막달레나와 예수의 대화

"지금 이 물을 마시는 사람은 곧 목마를 것입니다. 그러나 내가
주는 물을 마시는 사람은 내면에서 끊임없이 샘물이 솟구쳐 나
와 영원히 목마르지 않게 될 것입니다."
"스승님, 저에게도 그 샘물을 주십시오. 영원히 솟아나는 샘물
을 주십시오."

(요한복음 4, 13-15)

마리아 막달레나의 어린 시절

마리아 막달레나는 예수가 태어나고 10여 년 후 갈릴래아 호수 연안의 막달라라는 어촌에서 태어났다. 마리아 막달레나는 막달라 마리아라고도 불리어지며 이는 '막달라 출신의 여자 마리아'라는 뜻이다. 막달라는 집이 소박하고 단순한 구조를 가졌으며 가축 축사와 집이 한데 붙어 있었다. 또한 예수의 제자인 베드로, 안드레아 등의 고향인 갈릴래아 호 연안의 벳사이다보다 더 가난한 어촌이었다. 막달라의 주민은 티베리아스나 가파르나움 등 호숫가 연안의 도시를 왕래할 때는 바위가 많은 황량한 육로보다 주로 배를 이용하였다.

마리아 집안은 귀족 집안이었으나 지금은 몰락하여 어머니가 어촌에서 생선을 저장하고 팔아 생계를 유지하였다. 마리아의 어머니 요안나는 가난하였지만 어린 마리아를 랍비가 가르치는 율법학교에 보내어 이스라엘의 역사와 정신을 배우게 하였다. 마리아는 타고난 총명함으로 또래들에 비하여 영적인 가르침을 빨리 익혔다.

요안나는 꿈속에서 어둠 속에 한 점의 빛이 그녀에게 다가오면서 점점 커지는 것을 보았다. 그리고 동시에 나팔이 울려 퍼지는 소리를 꿈속에서 듣고서 마리아를 임신하였다. 출애굽의 신호를 위하여 이집트의 스핑크스 위에서 이스라엘 백성은 나팔을 불었다. 그 소리는 노예생활에서의 해방을 알리는 축복의 나팔소리였다. 또한 이스라엘 백성은 희년이 되는 해 일곱째 달 초열흘, 곧 속죄일에 나팔소리를 크게 울렸다. '너희가 사는 온 땅에 나팔 소리를 크게 울려라. 이는 너희 땅에 사는 모든 이의 해방을 선포하는 날이며 이 해는 너희의 희년이다.'[21]

---

21   레위기 25, 9-10

모든 이의 해방을 알리는 희년의 나팔소리처럼, 세상의 빛이 되어 오신 그리스도, 예수가 부활하신 후 그 현장을 가장 먼저 발견하고 부활의 소식을 알린 여인이 마리아 막달레나였다. 예수의 부활은 인간이 죄로부터 해방되는 신호요, 나팔 소리였다.

요안나의 남편은 마리아가 세상에 나오기 전에 병으로 세상을 뜨고 말았다. 마리아의 어머니 요안나는 마리아가 위대한 인물, 메시아와의 만남과 인연을 통해 이스라엘에 해방의 기쁜 소식을 알리는 역할을 하지 않을까 생각하였다. 유다의 고대 사회에서는 여자란 남자의 소유물이나 하녀 취급을 당하였고 여인은 남편의 지위와 권세에 종속되는 존재였다. 그래서 남편의 가치는 곧 여인의 가치였고 남편 잃은 과부는 보호받지 못하는 존재였다. 비록 지금은 몰락했으나 그녀의 가문은 귀족 가문이었다. 후일 헤로데왕의 왕비가 된 헤로디아는 그녀의 친척이었다. 마리아 막달레나는 자라나면서 총명하고 미모가 뛰어난 여인으로 성장하였다.

요안나는 오늘도 마리아가 마을의 랍비로부터 무엇을

배웠는지 호기심을 갖고 마리아를 기다렸다. 마리아는 하나를 가르치면 열을 깨우칠 만큼 총명했다.

"엄마, 다녀왔습니다."

"오! 귀여운 나의 공주, 오늘은 스승님께 무엇을 배웠지?"

"엄마, 오늘 스승님께 잠언 15장의 내용을 배웠어요."

"어떠한 내용이지?"

요안나는 마리아가 잠언이나 지혜서의 내용을 익힐 때마다 꿀을 묻힌 과자를 마리아에게 주었다. 지혜를 익힘은 곧 영혼을 살지게 하는 것이다. 지혜가 있는 사람은 꿀처럼 감미롭고 향기로운 사람이 된다는 것을 마리아에게 가르치기 위함이었다.

"지혜로운 사람은 지식을 베풀지만 우둔한 자들의 입은 미련함을 내뱉는다. 지혜로운 이들의 입술은 지식을 전하지만 우둔한 자들의 마음은 바르지 않다. 슬기로운 마음은 지식을 찾고 우둔한 자의 입은 미련함을 일삼는다. 주님을 경외하며 가진 작은 것이 불안 속의 많은 보화보다 낫다. 사랑어린 푸성귀 음식이 미움 섞인 살진 황소 고기보다 낫다."

"그러면 오늘 배운 잠언이 지혜로운 사람에 대해 말하

고 있는데 역사상 지혜의 임금은 누구를 뜻하지?"

"솔로몬 왕이에요. 그는 하느님께 자신을 위해 부(富)를 청하지도 않았고 장수(長壽)를 청하지도 않았습니다. 원수들의 목숨을 청하지 않았고 오로지 선과 악을 분별하는 지혜를 청하였습니다. 솔로몬 왕은 지혜를 헤아릴 수 없는 보석과도 견주지 않았으며 지혜를 왕홀보다도 더 사랑하였습니다. 모든 지식의 원천이신 하느님께서 만물에 관한 지식을 주시고 세계의 구조와 기본 요소들의 활동을 알게 하셨습니다. 지혜로운 사람은 영들의 힘과 사람들에 대해서 지식을 전하지만 우둔한 자는 재물에 집착하는 어리석음을 일삼습니다. 지식은 더러운 것, 불완전한 것, 고통을 없애려는 것이 아니라 더럽고 불완전하고 고통스러운 것을 그대로 인정하고 그 안에서 사랑하는 마음을 갖는 것입니다. 우리가 많은 것을 가지려면 끊임없이 마음속에 미움을 이끌어냅니다. 그래서 사랑하는 가족들과 같이 하는 푸성귀 음식은 미움 섞인 사람들과 같이 먹는 살진 황소 고기보다 낫습니다."

"아! 내가 정말 너를 낳았단 말이냐? 네가 방금 한 말은 어떠한 현인들의 말보다 지혜에 대하여 잘 설명해주고 있구나."

그리고 요안나는 마리아를 귀한 보석처럼 꼭 끌어안아 주었다. 요안나는 마리아가 성장함에 따라 마리아의 재능을 귀하게 여겼으나 당시 극도의 남존여비 체제인 이스라엘 사회에서 마리아의 재능과 남다른 열정이 마리아의 앞날에 어떤 구름을 드리우지 않을까 노심초사하였다. 요안나는 마리아에게 말하였다.

"너는 어쩌면 하느님이 보내신 분의 존재를 세상 사람들에게 알리는 역할을 하게 될지도 모르겠구나."

갈릴래아 지역은 당시 정치적으로 매우 불안정하였고 로마에 대한 무장 반란이 그치지 않았다. 기원전 40년경 유대인들은 갈릴래아 호수 근처 아르벨라 산 동굴에 은거하면서 반란을 일으켰다. 동굴은 깎아지른 듯한 절벽의 아랫부분에 위치하였다. 처음 헤로데 대왕은 어찌할 바를 몰랐으나 곧 무모하리만치 대담한 작전을 펼쳐 군인들을 산정에서부터 요람에 태워서 아래로 내려 보냈다. 상황이 여의치 않자 반란군 중의 한 가족은 끝까지 항복하지 않고 처음 아들 7명을 차례로 절벽 아래로 떨어뜨려 죽이고 아내도 그렇게 한 다음 자신도 절벽에서 뛰어내려 자살하였다. 헤로데는 신속하고 잔인하게 이들을 진압하였으며 수많은 반란군이 죽임을 당했고 요새는 헤로데의 손에 돌아갔다.

한편으로 이교도인 로마군이 하느님의 땅을 유린하는 데 대한 반감이 이들 열심당으로 하여금 극단적인 투쟁으로 몰아갔다. 거룩한 히브리 땅에서 이교도는 철저히 물리쳐야 하는 사탄의 존재였다. 근본주의자 에즈라 예언자가 유대 민족이 바빌론에서 귀환한 다음 바빌론 유배기간 중 이방인의 여자와 결혼한 히브리 남자들로 하여금 강제로 헤어지게 한 것도 유다의 순혈주의에 대한 집착 때문이었다. 로마 군대의 병사들이 거리를 열을 지어 행진하는 장면은 갈릴래아 지역에서 일상이었으며 유대인은 이들을 증오의 눈초리로 바라보곤 하였다.

마리아 막달레나의 나이도 16살이 되었다. 이스라엘에서는 여자의 나이 16세가 되면 그들의 친척 혈족 중 혼인 신청하는 청년이 있으면 이를 집안에서 의논하여 그 청혼을 받아들일 것인지를 결정짓는다. 마리아 막달레나는 어머니의 피를 이어받아 총명하면서도 밤하늘의 별처럼 단연 아름다운 존재였다.

마리아 막달레나, 마리우스를 만나다

말발굽 소리가 들리고 한 로마인 청년병사가 말에서 내린 후 마리아에게 다가온다. 뜰의 우물에서 물을 긷던 마리아는 청년 병사에게 물었다. 그녀는 이방인 병사에 대해 경계감을 가졌으나 두려움을 갖지 않는 분명한 어조로 물었다.

"무엇이 필요하십니까?"

이윽고 말에서 내린 그 병사는 마리아를 바라보며 말한다.

"저에게 물을 좀 주세요."

먼 길을 달려온 그의 분대는 잠시 근처에 주둔 중이었

으며 그는 로마의 10인 대장이었다. 분견대장 마리우스는 마리아로부터 물 한잔을 받아 목을 축인 후 마리아를 찬찬히 쳐다보았다. 그는 놀라운 듯이 눈을 다시 크게 떴다. 비록 갈릴래아의 한적한 어촌이기는 하였으나 그녀의 용모는 신선한 가을의 향기가 서린 국화처럼 아름다웠다. 로마 여인의 요염한 아름다움과는 대비되는 다른 차원의 아름다움이었다. 그는 황홀한 표정으로 마리아를 바라보았다.

마리아는 자신을 바라보는 마리우스의 시선에 당황함을 느끼고 그냥 집안으로 몸을 돌려 들어가고 말았다. 마리아가 떠나간 자리에서 마리우스는 한참을 서 있었다. 그리고 방금 만난 히브리 여인의 자태가 그의 뇌리에서 떠나지 않았다. 그는 방금 물을 마셨지만 목은 다시 타들어왔다.

마침 마리우스의 부대는 마리아의 집에서 멀지 않은 곳에 주둔하게 되었다. 마리우스는 젊은 청년장교로서 성품은 겸손하였으나 한편으로는 용맹스러운 면모를 지니고 있었다. 그는 로마가 벌인 전투에서 공을 세워 어린 나이에 분대장에 해당하는 10인대장의 지위에 올랐다. 한편으로 마리아는 자신을 응시하는 로마 군인의 눈빛을 피하여 집안으로 들어왔지만 가슴은 뛰고 있었다.

이튿날 다른 날과 마찬가지로 마리아는 이름을 알 수 없는 로마 병사를 생각하며 뜰의 우물에서 물을 길었다. 그 다음날에도 마리아는 역시 집안에서 쓸 물을 긷고 있었다. 두레박을 우물 속으로 밀어 넣기 위해 몸을 굽혔다가 우물을 길어 올리기 위해 몸을 일으키는 순간, 마리아는 그 청년병사와 눈을 마주쳤다. 마리우스는 마리아에게 다가섰다. 마리아는 입가에 엷은 미소를 띠며 말했다.

"오늘도 목이 마르신가요?"

"아닙니다. 저는 목을 축일 물을 구하는 것이 아니라 답답한 가슴을 적셔줄 물이 필요합니다. 제 열정이 당신의 모습을 자꾸만 떠오르게 하고 가슴을 답답하게 하여 나를 견딜 수 없게 만들었습니다."

마리아는 말없이 마리우스의 모습을 응시하였다.

마리우스의 모습은 그리스의 조각처럼 아름다웠다. 마리아의 가슴은 아가(雅歌)에 나오는, 젊고 활기찬 신랑을 보는 신부의 벅찬 가슴처럼 뛰고 있었다. 또한 마리우스는 조각 같은 상반신에 팔레스타인 남자와는 다른 서구인의 용모를 지니고 있었다. 마리아에게 이는 운명 같은 만남이었다.

마리아는 매일 마리우스가 기다려졌다. '아가(雅歌)'에서 연인을 기다리는 여자의 심정이 다음과 같이 묘사되고 있다.

내 연인의 소리!
보셔요. 그이가 오잖아요.
산을 뛰어오르고
언덕을 뛰어넘어 오잖아요
나의 연인은 노루나 젊은 사슴 같답니다.
보셔요, 그이가 우리 집 담장 앞에 서서
창틈으로 기웃거리고
창살 틈으로 들여다본답니다.

마리우스는 거의 매일 마리아를 찾아왔다. 마리아는 가부장적인 유다 남성에 비하여 여성을 존중하는 로마의 청년장교에게 마음이 깊이 끌렸다. 마리우스는 열정적이었으며 여성을 끄는 힘이 있었다. 마리우스의 아버지는 국가 원로원의 회원으로서 명문가였다. 그는 자신이 소속된 로마군의 전투경험이라든가 로마의 전설적인 황제 시

저에 얽힌 일화, 아우구스투스 황제, 그리고 이집트 클레오파트라 여왕과 안토니우스 장군의 사랑 이야기 등을 해주었다. 마리우스는 특히 활 솜씨가 뛰어나 부대에서 신궁(神弓)이라 불리었다. 그는 로마가 주변 민족의 반란군과 벌인 전투에서 활로 수십 인의 적을 쏘아죽인 전과(戰果)를 올렸다는 이야기도 해주었다.

클레오파트라의 전설적인 미모에 대하여 이야기할 때는 저녁하늘에 별빛이 빛을 발하듯 생생하게 전하였다. 당대의 영웅 시저도 클레오파트라 앞에서는 투구를 벗지 못하였다. 시저는 대머리였기 때문이다. 물론 마리우스도 전해들은 이야기일 것이다. 그러면서 마리우스는 지금 자기에게는 마리아 막달레나가 클레오파트라보다 더욱 아름답게 느껴진다고 말했다. 마리아 막달레나는 '그럼 마리우스 당신은 안토니우스 장군인 셈이군요.' 하면서 웃었다. 비록 한때의 추억이나마 마리아에게는 꿈같은 시간이었다. 막달라에 로마군이 주둔한 지 석 달이 되는 날 마리우스는 마리아에게 청혼하였다. 그리고 자신과 함께 로마로 가줄 것을 청하였다.

"당신은 유다의 율법을 모르시는군요. 우리의 율법은

모세5경에서 다른 민족과의 혼인을 금하고 있어요."[22]

물론 바리사이가 아니라면 일반 서민으로서는 율법을 지킬 능력도 의지도 없었다. 그러나 어린 시절 율법교육을 받은 마리아에게는 율법은 아직 신성불가침한 것이었다.

"마리아, 유다 신앙에 대하여 나도 들은 적이 있어요. 유대인은 오직 한 분이신 하느님을 공경하며 이방의 신을 경배함은 우상숭배라 하여 철저히 금한다고 알고 있습니다. 로마 제국은 피지배 민족의 믿음과 제의(祭儀)를 속박하지 않습니다. 그들은 자유로이 성전에서 제물을 바치고 제의를 집행할 수 있으며 로마는 포용정책을 펼쳐 식민지 시민 중 유력한 이는 로마 원로원에서 원로의원까지도 될 수 있어요. 피지배 민족이라 하더라도 로마에서 노예로 지내는 것은 아니며 만약 그들 중 로마 시민과 결혼하는 사람은 당연히 로마의 시민으로서 모든 권리를 누리며 제국의 수도에서 영광되고 안정된 삶을 누릴 수 있습니다."

마리아는 침묵 중에 말이 없다. 유다 여성의 지위란 '가부장적 질서'라는 표현으로는 부족한 것으로, 마치 남자의

---

22 신명기 7, 3 너희는 그들과 혼인해서는 안 된다. 너희 딸을 그들의 아들에게 주지도 말고, 너희 아들에게 주려고 그들의 딸을 맞아들여서도 안 된다.

소유물처럼 취급되었다. 신명기의 십계명에 따르면 남의 재산을 탐하지 말라는 계명 안에 이웃의 아내, 집이나 밭, 남종이나 여종, 소나 나귀 할 것 없이 이웃의 재산은 탐해서는 안 된다고 하여 여자는 남종이나 여종 등과 같은 재산의 일부로 여겨졌다.

모든 사회질서는 남성중심으로 돌아갔으며, 재산의 관리는 아버지에서 남편으로 직접 이관되었다. 그럼에도 유다의 남자들은 자신의 아내나 딸에게 재산을 넘겨주기 위하여 갖은 방안을 마련하기도 하였다. 남성은 아내가 싫어지면 이혼을 했으며 이혼 당한 여성은 어떠한 재산도 없이 쫓겨나는 경우가 적지 않았다. 혈족 내의 구원자[23]나 다른 남자와 결혼할 수 있으나 그마저 불가하면 보호해주는 남자도 없이 창녀로 전락하기 일쑤였다.

갈릴래아 지방은 반란과 정치적 혼란이 일상화된 지역이었으며 특히 갈릴래아 호수 연안의 막달라는 굶주림과 빈곤이 일상화된 빈촌이었다. 제국의 수도, 로마는 갈릴래아 지역의 주민으로서는 꿈에도 볼 수 없는 화려함의 도성이었다.

---

23   룻기 4장 참조

마리아는 어머니 요안나가 평소에 하던 말씀을 되새겼다. '너는 위대한 분의 영광을 세상에 드러내는 인물이 될 것이다.' 어쩌면 마리우스는 로마의 장군이 되어 위대한 제국의 영광을 드러내는 인물이 될지도 모른다. 그러나 마리아는 만약 자신이 결혼하여 로마로 가버리면 어머니 요안나는 어떻게 될 것인가 생각하니 선뜻 마리우스의 청혼을 받아들이기가 어려웠다.

유대인은 야훼 유일신 사상과 함께 자신들이 하느님에 의하여 선택된 민족이라고 생각하였다. 대부분의 피지배 민족들은 대체로 자신의 생명과 재산을 보장해주면 그냥 납작 엎드리는데 반하여 유대인은 달랐다. 그들은 무장 기병대나, 병력이나 함대도 없으나 만군의 주님이신 하느님이 자신들을 대신하여 싸워주신다고 생각했다.[24]

유다 왕조의 히즈키야 왕 시절에는 아시리아 왕과 대적하다가 나라가 망할 뻔하였다. 그런데 마침 돌림병이 돌아서 산헤립의 군대가 죽어 나가자 하느님의 천사가 하늘에서 내려와 십팔만 오천 명을 칼로 쳐서 죽였다고 성경

---

24   시편 27편 1-2

은 기록[25]하고 있다.

기원후 6년 갈릴래아의 유다가 반란죄로 처형된 후, 유다를 추종하던 세포리스라는 도시는 완전히 불살라졌고 갈릴래아 인근 페레아에서는 헤로데의 노예였던 시몬이 메시아를 자처하면서 예리고의 왕실 궁전들을 약탈하다가 잡혀 죽었다. 뒤이어 아트롱게스란 목동 출신이 자칭 메시아라며 스스로 왕관을 머리에 쓰고 사람들을 살상하다가 붙잡혀 처형되었다. 갈릴래아에서는 이처럼 로마에 대한 저항운동이 끊이지 않았다. 이런 상황에서 마리아가 어머니를 홀로 두고 로마의 군인과 결혼하여 막달라를 떠난다면 마을 주민이나 친척들이 어머니에게 어떤 해를 끼칠지 모르는 일이었다.

"마리우스, 당신을 사랑해요. 그러나 저는 어머니를 남겨두고 혼자 떠날 수는 없어요. 그리고 제 친척 중에는 열심당원도 있어요. 그들은 제가 마리우스 당신과 결혼해 떠난다면 어머니에게 무슨 짓을 할지 몰라요."

"마리아! 우리가 진정 사랑한다면 어떠한 장애도 넘을 수가 있어요. 어머니는 우선 예루살렘으로 피신하신 후

---

25   열왕기 하권 19, 35

다음에 로마로 모시고 가면 될 거예요. 마리아 좀 더 생각하고 답해주어요."

　마리아는 고개를 가로 저었다. 마리우스가 청혼한 뒤 며칠이 지나고 요안나는 마리아에게 로마 병사에 대하여 여러 가지를 물었다. 로마 병사가 그에게 청혼한 사실을 알자 어머니는 적지 않게 놀랜 기색을 보였다. 갈릴래아 지역은 로마를 비롯하여 로마와 결탁한 지주 귀족계급과 사제계급이 농민과 하급사제를 착취하여 이방인에 대한 증오심이 뿌리 깊었다. 그리하여 마리아는 마리우스가 청혼하였던 사실을 어머니 요안나에게도 알리지 않았다. 요안나는 마리아에게 다음과 같이 말했다.

　"마리아야, 주님께서 네 배필은 정해주실 것이다. 모든 것을 주님께 맡기고 너는 내 걱정은 조금도 하지 마라. 만약 그 로마 병사가 너의 인연이라면 네가 피한다 하더라도 하느님께서 축복해 주시고, 그 결혼을 이루어 주실 것이다. 그러나 너를 이 세상에 보내신 주님께서 너에게 맡기신 사명이 다른 곳에 있다면 너는 그 사명에서 도망치면 안 된다."

예수, 마리아를 처음 만나다

한편 예수는 요르단 강에서 세례를 받은 후 광야에서 40일간 단식하며 기도하였다. 그후 세례자 요한과 함께 지내다가 다시 갈릴래아로 돌아와서 복음을 선포하였다. 또한 병자들을 고쳐주었으며 치유의 기적을 행하였다. 예수는 온 갈릴래아 지방을 다니며 복음을 선포하였다. 그리하여 예수의 소문이 갈릴래아 지방과 사마리아 지역에까지 널리 퍼졌다.

예수는 나자렛을 거쳐 헤로데의 왕궁이 있는 티베리아스를 피하고 가난한 어촌 마을인 막달라로 걸음을 옮겼다. 그리고 그곳에서 마리아 막달레나는 예수와 그의 인생을 가르는 운명적 만남을 가진다. 제자들과 떨어진 예수는 어느 가정집을 방문하였다. 갈릴래아 호수 연안 길은 먼지가 많이 일고 길이 험하였다. 그리고 건조하고 더운 날씨로 조금만 걸어도 목이 말랐다. 예수는 우물가에서 물을 긷는 젊은 여인에게 물을 청하였다.

"나에게 물을 좀 주시겠습니까?"

마리아는 눈을 들어 자신에게 물을 청하는 사람을 쳐다보았다. 예수의 눈은 한없이 깊고 인자한 눈빛을 띠고 있어 마리아의 가슴에 깊은 울림을 줄 정도였다. 그녀는 이토록 선한 눈빛을 본 적이 없었다. 그리고 그녀를 쳐다보는 한 남자의 눈빛에서 어떠한 육신의 호기심도 없는, 순수한 태고의 신비를 갖춘 눈빛을 본 적이 없었다.

마리아는 두레박으로 물을 길어 그릇으로 옮겨 공손하게 예수에게 건넸다. 그런 후 예수의 물 마시는 모습을 지켜보았다. 물을 마신 예수는 자애로운 눈을 들어 마리아를 쳐다보았다. 그리고 그는 다음과 같은 말을 건넸다.

"어쩌면 저보다 더 목마른 사람이 당신일지 모르겠습니다."

"스승님은 누구십니까?"

"저는 나자렛 사람 예수입니다. 온 갈릴래아를 다니며 하느님의 말씀을 전하고 있습니다."

마리아는 갈릴래아 지방에 최근 예수라는 예언자[26]가 사람들의 병을 고쳐주고 하느님의 말씀을 전하고 다닌다는 소문을 들었다. 마리아는 그가 바로 유다 백성이 기다려온 메시아일지 모른다고 생각했다.

"스승님에 대해서는 저도 들었습니다. 하느님은 저의 갈증을 이해하실까요?"

"하느님은 바로 아버지 같은 존재입니다. 사랑하는 자녀가 무엇을 원하는지 알고 계십니다. 당신의 목마름이 무엇인지 아버지는 해결해주실 것입니다."

마리아는 이 예언자의 말이 너무나 부드럽고 나지막한 데 놀랐다. 마리아가 생각하는 예언자는 하느님의 분노와 심판을 예고하며 말을 격렬하게 하는 것으로 알고 있었다. 그러나 이 예언자는 자애로운 아버지의 사랑을 이야기하듯 하느님의 사랑을 이야기하고 있었다.

---

26 이는 예수에 대한 이스라엘 백성의 일반적인 인식을 표현한 것이다. 예언자는 하느님의 말씀을 전하는 사람이고 예수는 말씀 자체이신 분이시니 예언자를 초월하는 하느님으로 보아야 한다는 논쟁은 여기서는 논외로 한다. (참조: 계시헌장 4항, 예수 그리스도께서는 혈육을 취하신 말씀이다.)

"아마 당신은 이방인의 남자를 사랑하고 있는지 모르겠습니다."

마리아는 이 예언자의 말에 너무 놀라 물을 받은 두레박을 손에서 놓치고 말았다.

"당신의 이방인에 대한 사랑은 아무런 잘못이 없습니다. 하느님은 이스라엘 민족을 축복하시어 하느님 아버지의 존재를 처음으로 드러내셨습니다. 우리 이스라엘 민족의 사명은 그들에게 진리를 전하는 것입니다. 이스라엘 사람도 그리스인도 로마인도 하느님의 자녀입니다."

"스승님이야말로 예언자시군요. 저는 이방인의 남자를 사랑하고 있습니다. 그것도 갈릴래아 사람들이 불구대천의 원수처럼 여기는 로마의 병사를 사랑하고 있습니다. 저는 사랑으로 가슴이 불타는 듯 하지만 저의 사랑이 율법에 어긋나며 또한 친척들에게 단죄받을 것 같아 두렵습니다. 그들이 이 사실을 알면 저에게 어떤 벌을 내릴지 두렵습니다."

"아! 하느님은 민족 간에 차별을 두지 않으십니다. 이사야 예언자는 모든 민족들이 시온의 산에 모여와서 주님의 민족, 이스라엘의 진리의 가르침으로 모두 구원을 얻을 것이라 하였습니다. 만약 그렇지 않다면 이스라엘 민족만 창조하셨을 것입니다. 로마인도 하느님의 자녀입니다. 로마인이 로마인으로 태어났다는 것은 자신이 선택한 것이 아니며 어떠한 죄악도 되지 않습니다. 그대의 사랑은 아버지 하느님이 축복하실 것입니다."

"스승님의 말씀은 저의 목마름을 축여주는 단물같은 말씀이군요. 그런데 어찌하여 유다 백성과 다른 주변의 백성들은 끝없이 서로 적대하고 갈등하는지요."

"사람들은 사탄의 간계로 끝없이 서로 미워하고 적개심을 나타냅니다. 하느님을 사랑하면 우리의 이웃도 사랑하게 됩니다. 이민족도 우리의 이웃입니다. 메시아를 자처하면서 폭력을 부추기고 미움을 선동하는 사람은 하느님의 뜻을 어그러뜨리는 사람이며 그들은 곧 파멸하고 말 것입니다."

예수는 이어서 수수께끼 같은 말을 이어간다.

"지금 이 물을 마시는 사람은 곧 목마를 것입니다. 그러나 내가 주는 물을 마시는 사람은 내면에서 끊임없이 샘물이 솟구쳐 나와 영원히 목마르지 않게 될 것입니다."

"스승님, 저에게도 그 샘물을 주십시오. 영원히 솟아나는 샘물을 주십시오."

"그대는 영원한 생명의 물을 받게 될 것입니다. 마리아! 그대는 앞으로 나의 모든 것의 증인이 될 것이오."

이 말을 마친 후 이 예언자는 자취를 감추었다.

갈릴래아 지방은 예로부터 메시아를 자처하는 사람들, 유다의 왕을 자처하며 다윗 왕의 정통성을 잇겠다고 하는 사람들이 많았으나 그들 중 성공한 사람은 없었다. 성서에 따르면 주님께서 이르시기를 이스라엘이 가나안 땅에서 가나안족, 히타이트족, 아모리족, 히위족, 여부스족, 기르가스족, 프리즈족을 쫓아 낼 때 살아 숨쉬는 것은 모두 전멸시켜 이민족의 흔적을 하나도 남김없이 정결하게 한다음 이스라엘 민족이 정착하게끔 허락하셨다고 했다.[27]

그러나 유다민족의 힘이 약화되고부터 그들은 이집트, 아시리아, 바빌론, 페르시아, 그리스, 로마 등 이민족이 과거 천년 세월 동안 이 거룩하고 흠 없어야 할 하느님의 땅을 더럽히는 것을 보면서 참고 있어야 했다. 이것은 하느님께서 선택하신 나라의 순결을 지키고자 하는 열심당원들에게는 참을 수 없는 모독이었다. 로마는 그리스 등 다른 강대국과는 달리 유대인의 유일신 사상을 이해하고 유대인이 그들의 성전에 예배드리는 것을 허용하였다. 그러

_____

27   신명기 7,1-2

나 열심당원에게 있어 로마가 유일신 하느님의 땅에 거주하는 것, 경비 등을 위하여 성전에 출입하는 것은 이방인에 의한 신성모독이었다. 그러므로 이민족도 구원받는다는 예수의 생각은 혁명적인 것이었다.

다음날 마리아 막달레나는 장터에서 예수가 설교하는 것을 들었다.

"하느님의 나라는 작은 겨자씨와 같습니다. 사실 겨자씨는 작고 미약합니다. 그러나 그 열매는 창대합니다. 일단 겨자씨가 뿌리를 내리고 줄기를 뻗은 후, 수많은 가지와 잎사귀를 맺은 다음에는 많은 새들이 거기에 깃들 안식처와 그늘을 만들어줍니다. 여러분의 가슴속에 작은 사랑의 씨앗이 있습니다. 이 사랑의 씨앗이 이웃에 전해져 이웃 역시 사랑과 배려가 넘치는 우리의 이웃이 됩니다. 또한 이러한 이웃의 사랑은 더 널리 전파되어 모두가 진실되게 서로 섬길 때 사랑이 넘치는 하느님의 나라가 될 것입니다.

이는 거창한 것도, 떠들썩한 것도, 초자연적인 것도 아닙니다. 작은 사랑은 참되고 교만하지 않습니다. 거짓과 위선으로는 절대 하느님 나라에 이룰 수 없습니다. 하느님 나라는 천군만마의 질주와 함성 속에 이루어지는 것도 아닙니다. 하느님 나라는 폭력으로 절대 이룰 수 없습니다. 이것이 바로 하느님 나라의 영원한 진리입니다."

예수는 이어서 당시로서는 참으로 혁명적인 말을 하였다. 아내를 동등한 인격을 가진 상대로 대하고 하느님이 맺어주신 짝을 남자가 임의로 버려서는 안 된다는 말을 한 것이다. 여성도 하느님의 자녀로서 온전한 인격을 가진 존재임을, 당시 남자의 부속품 취급을 당하던 유다 여자들 정신에 심어주었다. 여자들이 마음을 다하여 예수를 섬긴 이유를 알 수 있다. 이는 2,000년 전에 울려 퍼진 여성해방의 메시지였다. 오늘날 그리스도교 국가에서 여성이 가장 진전된 인권을 누리고 있음은 예수의 이러한 메시지 때문이다.

"갈릴래아의 시민여러분, 여러분의 아내를 소중히 여기십시오. 육욕으로 아내를 대해서는 안 됩니다. 아내를 동등한 인격을 가진 사람으로 대해야 합니다. 그리고 하느님이 맺어주신 짝을 사람이 버려서는 안 됩니다. 모세는 이혼장을 써주고 아내에게 이혼하라고 일렀습니다. 이는 여러분의 마음이 완고하여 아내를 버린 다음, 아내가 다른 사람과 혼인하더라도 이혼장이 있음으로써 투석형을 면하게 해주기 위한 것이었습니다. 여러분이 이혼장을 써준다고 하더라도 하느님 앞에서 여러분은 어디까지나 부부입니다. 부인을 버리는 것은 여러분의 아내로 하여금 간음하도록 하는 것입니다. 아담은 하느님께서 하와로 그 배필을 정해주셨을 때 '내 뼈에서 나온 뼈요, 내 살에서 나온 살이로구나'[28]라고 하였습니다. 남자는 여자와 결합하여 한 몸이 되었다고 창세기에서 말하였습니다. 그러므로 부부는 일심동체이고 죽음이 이들을 가를 때까지는 아내와 헤어져서는 안 됩니다."

마리아는 예수의 말씀에 한없는 감동을 느꼈다. 여자를 남자와 일심동체로 본 것, 이혼해서는 안 된다는 말씀은 참으로 마리아의 가슴을 환하게 비추는 혁신적인 가르침이었다.

마리아는 마리우스에게 예수라는 예언자를 만난 이야기를 전했다. 그분의 말씀은 자애와 사랑이 넘쳐 듣는 사람의 가슴속에 위안과 평안을 준다고 하였다. 어쩌면 그분은 유대 민족이 갈구해오던 메시아가 아닐까 이야기하였다. 마리우스는 이 신실하고 믿음 깊은 여인의 이야기를 흥미롭게 그리고 주의를 기울여 들었다.

---

28   창세기 2, 23

마리아가 예수를 만나고 며칠이 지난 후 저녁이었다. 갑자기 마리아의 집 문을 두드리는 소리가 났다. 마리아는 창으로 밖을 주의 깊게 내다보니 거기에는 마리우스가 서 있었다. 마리우스는 문간에 서서 급하게 말하였다.

"나는 내일 새벽 가파르나움으로 새로운 임무가 주어져 떠나야 합니다. 직위도 백인대장이 되었습니다. 그러나 마리아, 다시 한 번 나의 진심을 전하기 위해 찾아왔소. 당신의 진실하신 하느님을 걸고 맹세하건데 당신을 사랑하오. 나를 기다려주오. 비록 갈릴래아 땅이 아무리 빈한하더라도 이곳은 마리아 당신이 있는 한 나에게는 더할 수 없이 풍요로운 땅이오. 내가 당신이 믿는 하느님께 기도하겠소. 자 이제 떠나기 전에 당신의 뜻을 말해주시오. 나와 결혼해주겠소?"

"마리우스! 나도 당신을 사랑해요. 하느님이 우리의 사랑을 허락하시고 축복하신다면 나도 당신을 기다리겠어요."

마리우스는 마리아와 뜨거운 키스를 나눈 후 말을 타고 사라졌다. 마리아는 가슴 속에 휑하니 구멍 하나가 뚫린 듯한 심정으로 사라지는 마리우스의 뒷모습을 바라보고 있었다. 마리우스가 떠난 뒤 마리아는 그를 그리워하며 나날을 보냈다.

예수, 갈릴래아에서 하느님의 말씀을 전하다

예수는 가파르나움, 벳사이다, 코라진, 가나, 막달라 등지를 다니면서 하느님의 말씀을 전하였다. 예수는 어린이를 특히 좋아하였다. 아이가 예언자의 품에 안기고 무릎 근처에 몰려들 때 사람들은 아이들을 예언자 품에서 떼어 놓으려 하였다.

"아이들을 그냥 내버려두시오. 여러분은 실상 하느님의 나라에 들어가려면 이들 아이처럼 되어야 합니다. 아이의 마음은 티 하나 없이 태고의 신비를 간직하고 있습니다. 아이들은 천진난만하며 단순합니다. 아이들은 꾸밈이 없고 순수합니다. 기쁘면 웃고 슬프면 울고 배고프면 음식을 찾고 목마르면 물을 찾습니다. 여러분이 천국에 들어가려면 여러분의 영혼이 아이처럼 순진무구해야 합니다.

여러분은 여러분의 마음을 세속과 육신이 원하는 대로 맡겨 온갖 근심과 걱정으로 영혼을 타락시켰습니다. 하느님 아버지는 여러분의 머리카락 한 올까지도 다 헤아리시며 이름 없는 새도 보살피십니다. 그들은 씨를 뿌리지도 않고 거두지도 않을 뿐만 아니라 곳간에 거두어들이지도 않습니다. 오늘 피었다가 내일이면 아궁이에 던져 넣어지는 황야에 핀 이름 없는 꽃들도 아버지께서는 입히십니다. 그것들은 애쓰지도 않고 길쌈도 하지 않습니다. 무엇을 입을까 무엇을 먹을까 걱정하지 마십시오. 이는 하느님 아버지의 사랑을 믿지 않는 이교도들이 하는 짓입니다. 여러분은 먼저 하느님 나라와 그분의 의로움을 찾으십시오. 그러면 이 모든 것도 곁들여 받게 될 것입니다."

마리아의 친척, 가비오

어머니의 친척 중에 가비오라는 마리아와 동갑내기가 있었다. 그는 갈릴래아에서 로마의 흔적을 깨끗이 지우고 하느님의 나라가 세워져야 한다며 과격한 독립운동을 펼쳤다. 가비오는 그 중에서도 시카리(단검)라고 하여 장터에서 게릴라전을 펼치는 과격한 부류에 속했다. 로마 제국에 대해 협조하는 사제, 귀족그룹이거나 어쩔 수 없이 살기 위하여 순종하는 사람들마저 망토 속에 단검을 지니고 다니다가 찌르는 살육을 저지르고 다녔다. 가비오는 특히 마리아를 좋아하여 친척들에게 마리아에게 청혼할 뜻을 내비쳤다. 그러나 마리아로서는 기필코 그의 청혼은 받아들일 수 없었다.

그는 어릴 때 마리아와 가깝게 지내며 마리아와 같이 율법학교를 다녔다. 가비오는 어릴 때부터 과대망상적인 기질을 보여 자신이 앞으로 이스라엘의 예언자가 되고 다윗의 왕관을 이어받게 되리라고 허욕(虛慾)과 교만에 찬 말을 하고 다녔다. 그러나 이스라엘의 역사를 배우는 데는 열의가 없었다. 아니 열의가 없다기보다는 그의 지능이 이스라엘의 참된 정신을 이해할 만큼 따라주지 못했다는 편이 정확할 것이다. 이런 가비오를 마리아는 경멸하고 싫어했다. 뜻이 깊고 행동이 신중한 사람은 함부로 자신의 뜻을 나발 불고 다니지 않는다.

하루는 가비오가 마리아에게 들에 핀 야생화 패랭이꽃을 꺾어 한 묶음으로 묶어 마리아에게 건넸다. 마리아는 가비오에게 물었다.

"너는 패랭이꽃의 꽃말이 무엇인지 아니?"

"모르는데. 너는 아니?"

"패랭이꽃은 '순결한 사랑'을 뜻한다고 해. 그런데 너는 순결하지 못하고 너무 생각이 복잡한 것 같아. 어쨌든 꽃은 잘 받을게."

마리아는 가비오가 주는 꽃을 차마 면전에서 거절하지 못해 받긴 받았으나 곧 집 뜰에 내버리고 말았다.

우연히 자신이 준 꽃이 뜰에 그대로 버려진 것을 본 가비오는 자신의 호의가 무시된 것을 알고 터무니없이 강한 자존심이 크게 손상되었다. '나는 미래 이스라엘을 이끌 영도자가 될 인물인데 나의 호의를 무시하다니'라고 생각하며 가비오는 이를 갈았다.

가비오는 그때부터 지나칠 만큼 마리아에게 짓궂은 장난을 해서 마리아를 울리곤 하였다. 그럴 때는 요안나가 나서서 가비오를 꾸짖기도 하고 타이르기도 하였으나 가비오의 심성이 강퍅하고 완고하므로 요안나는 자연 가비오와 마리아를 떨어져 지내게 하였다. 가비오는 이에 더욱 마리아를 짓궂게 따라다녔다.

또 한 명 요안나와 가까이 지냈던 인물은 헤로디아였다. 이 여성은 후일 헤로데 왕의 왕비가 된 여자다. 요안나는 헤로디아 아버지의 4촌 여동생, 그러니까 헤로디아의 종고모였다. 요안나는 헤로디아가 집에 놀러오면 맛있는 과자와 차를 주며 헤로디아를 기쁘게 해주었다. 한번은 집에 놀러온 헤로디아에게 요안나가 물었다.

"우리 집안의 최고 미인, 헤로디아는 앞으로 무엇이 되고 싶니?"

헤로디아는 과자를 한 입 베어 물고 잠시 생각에 잠겼다가 대답하였다.

"나는 큰 성을 가진 성주(城主)의 부인이 되고 싶어요."

"그래, 헤로디아는 정말 예뻐서 꼭 꿈을 이룰 수 있을 거야."

헤로디아는 요안나가 격려해주고 칭찬해주니 자신의 허영심이 충족된 듯 좋아하였다. 헤로디아의 가족은 나자렛에서 얼마간 살다가 그 후 세포리스로 이주하였다.

마리아가 결혼 적령기에 달하자 가비오는 마리아를 결혼상대자로 생각하고 장난질을 하는 대신 마리아의 관심을 끌기 위하여 많은 애를 썼다. 그러나 어릴 적의 기억이 마리아로 하여금 가비오를 멀어지게 하였다. 가비오는 애가 탔다.

그는 자신이 이스라엘의 정신을 가장 잘 구현할 수 있는 청년이라고 생각하여 율법을 배웠으나, 율법 공부는 그에게 아무런 구원이 되지 못하였다. 모세5경 중 레위기의 규정은 그에게 의문투성이였다. 그에게는 율법보다 로마인이나 로마에 협력하는 귀족·사제들에 대한 제거작업

이 유대인 구원의 첩경인 것처럼 생각되었다. 그리하여 그는 열심당원이 되었고 그중에서도 가장 극렬한 조직인 시카리, 즉 테러요원이 되었다.

예수, 바리사이 니코데모와 이야기하다

바리사이 가운데 니코데모라는 사람이 있었다. 그는 유대인들의 최고의회의 의원이었다. 어느 날 니코데모는 예수님을 찾아와 여러 가지를 물었다.

"스승님, 저는 스승님이 하느님에게서 오신 줄 알고 있습니다. 하느님께서 같이 하지 않으시면 스승님이 하신 치유의 기적을 일으킬 수 없기 때문입니다."

예수는 말하였다.

"누구든지 위로부터 새롭게 태어나지 않으면 하느님의 나라를 볼 수 없습니다."

"어떤 사람이 어른이 되었으면 어떻게 다시 태어날 수 있겠습니까? 어머니 뱃속에 들어갔다가 나올 수도 없지 않습니까?"

"제가 말씀드린 것은 영의 존재입니다. 저는 살과 피로 단 한번 태어나는 육신에 대하여 말하는 것이 아니라 물과 성령으로 다시 태어나는 영혼의 존재에 대하여 이야기하는 것입니다. 물은 육신을 씻는 상징입니다. 물로 자기를 씻은 사람이 저 세상에서 영원히 살기 위해서는 성령으로 영혼이 다시 정화되어야 합니다. 육체는 욕망과 죄악을 위하여 봉사한 다음에 죽기 때문입니다. 그러나 성령에 의하여 깨끗하게 된 영혼은 하늘나라로 올라가 그곳에서 영원히 살 것입니다. 제가 선생에게 다시 태어나야 한다고 말씀드린 것은 육신이 아니라 영의 존재입니다. 성령은 바람과 같습니다. 바람은 어디서 와서 어디로 가는지 알 수 없습니다. 그러나 하느님을 따르는 사람은 성령을 따라갑니다."

"어떻게 그렇게 할 수 있습니까?"

"오직 한 사람만이 하늘에서 내려왔습니다. 그는 사람의 아들입니다. 누구든지 나를 믿는 사람은 영원한 생명을 얻을 것입니다. 하느님께서 당신의 외아들을 세상에 보내신 것은 세상을 심판하려고 하신 것이 아니라 세상이 그에 의하여 구원받게 하려는 것입니다. 외아들을 믿는 사람은 구원을 받을 것입니다."

니고데모는 예수의 명쾌한 설명에 감탄했다. 그는 자신의 영혼이 성령의 작용으로 정화되는 느낌을 받았다.

"스승님은 과연 구세주이십니다. 유대 민족의 빛이시고 태양이십니다."

제3부

재생의 은총

성녀 마리아 막달레나 (17세기 중세 화가의 그림)
중세의 그림 중 상당수가 해골을 품고 있는 성녀를 그렸다. 이는
참회한 여인이란 잘못된 인식이 무려 1400년간 지속된 것을 뜻한다.

세례자 요한의 죽음을 듣고 예수는 말했다.

"하느님의 지혜서는 말한다. 어리석은 자들의 눈에는 의인들이 죽은 것처럼 보이고 그들의 말로가 고난으로 생각되며 우리에게서 떠나가는 것이 파멸로 여겨진다. 그러나 의인의 영혼은 하느님 품에서 평안을 누릴 것이다."

(지혜서 3, 1-3)

구원(久遠)의 여인, 마리아 막달레나

마리우스는 가파르나움에 새로운 주둔지를 정한 후 인수·인계가 끝나자 마리아에게 곧장 편지를 써서 그의 하인에게 주며 막달라에 있는 마리아에게 전하라고 일렀다. 그런데 막달라에서 돌아온 하인은 편지를 마리아의 오빠되는 사람에게 전했다고 하는 것이 아닌가? 마리우스는 무언가 일이 크게 잘못되었음을 깨닫고 불길한 생각을 감출 수 없었다. 마리아에게는 오빠가 없었다. 만약 마리아가 편지를 손에 넣었다면 가파르나움이 막달라로부터 멀리 떨어지지 않은 갈릴래아 호수 북부 연안 도시이므로 포구를 드나드는 배편을 이용하는 승객에게 부탁하여 얼마든지 답장을 전할 수 있었다. 그러나 마리아로부터 답장이 없었다. 기다리다 초조해진 마리우스는 재차 하인에게 다시 편지를 보냈으나 이번에는 편지가 되돌아왔다. 막달라 마을에는 더 이상 마리아가 살고 있지 않다는 것이다. 마리아 막달레나에게 무슨 일이 일어난 것인가?

마리우스는 비번 날을 택해 사령관의 허가를 받아 막달라를 향하여 말을 달렸다. 겐네사렛 평원은 초봄의 잔디가 푸르게 들을 장식하고 있었다. 평원을 내달려 막달라에 도착한 마리우스는 마리아의 집을 보고서는 망연자실하였다. 그곳의 집은 불타버리고 주거의 일부만 불에 거슬린 채로 남아 있었다. 뜰의 외딴 곳에는 누구의 것인지 알 수 없는 무덤이 하나 자리 잡고 있었다. 이제 그에게 마리아 막달레나는 찾으려야 찾을 수 없고, 보려야 볼 수 없는 구원(久遠)의 여인이 되었다. 마리우스는 속으로 부르짖었다.

'아! 마리아. 그대는 지금 어디에 있소?'

가비오, 죽음의 마수(魔手)

시간은 1개월 전으로 거슬러 올라간다. 마리아와 동갑내기인 가비오 역시 16세가 되었으므로, 친척회의에서 어느 날 마리아에 대한 청혼의사를 밝혔다. 마리아는 아버지가 없었으므로 후견인이 되는 숙부가 청혼의사를 전달하기로 했다. 그리고 가비오는 자기가 개인적으로 청혼의사를 밝히러 마리아의 집을 방문하기로 결정하였다. 가비오는 말쑥하게 차려입고 마리아 집을 찾았다. 그날따라 요안나와 마리아는 둘 다 집에 없었다. 그날 마리아는 장터에서 예수의 설교를 듣고 있었던 것이다. 이스라엘 예언자의 진리의 말은 언제나 마리아의 마음을 어루만져 주었고 평화와 기쁨을 가져다주었다.

마리아의 집을 나서려는 순간 가비오는 뜰에서 낯선 남자와 맞닥뜨리게 된다.

"이 집이 마리아라는 젊은 여인의 집입니까?"

젊은 여인을 뜻하는 '알마'라는 단어는 히브리어로 '결혼 적령기에 있는 여자'라는 뜻이다. 마리아라는 결혼 적령기에 있는 여자를 찾는다면 이는 자기도 모르는 어떤 상대로부터 청혼 편지를 전달하러 온 것일 수도 있다는 생각이 들었다. 그래서 가비오는 시치미를 뚝 떼고 거짓말을 하였다.

"예, 그렇습니다. 저는 마리아의 오빠 되는 사람입니다. 무슨 일이지요?"

"아! 그렇습니까? 저는 가파르나움에 있는 로마 백인대장의 심부름으로 왔습니다. 이 편지를 마리아라는 분에게 전달하고자 합니다."

"아, 그러면 아무 염려 마십시오. 제가 틀림없이 전달하겠습니다."

그 하인은 유대인의 정직성을 믿었고 율법을 엄히 지키는 유다의 백성이 비록 오빠라 하더라도 내밀한 남녀간의 편지는 뜯어보지 않으리라 믿고 그 편지를 전하였다. 편지에는 마리우스의 절절한 사랑이 담겨 있었다.

마리아, 내가 가파르나움에 온 이후 하루도 당신을 생각하지 않은 날이 없소. 마리아! 비록 가파르나움이 막달라와 가까운 거리라 하더라도 나에게는 천리처럼 느껴집니다. 처음 내가 청혼하였을 때 당신은 유다의 율법에 대해 말하며 나의 청혼을 거절하였지만 나는 사랑하는 당신을 기다리기로 하였소. 가파르나움에서 최소한의 의무 주둔기간을 마친 후 당신과 결혼해서 로마로 귀대하고 싶소. 당신을 사랑하오.

– 당신의 사랑, 마리우스로부터

편지를 읽고 가비오는 질투심에 몸을 떨었다. 그는 한 번도 마리아가 남의 부인이 되리라 생각한 적이 없었다. 오직 마리아만 생각하며 일편단심 마리아를 잊은 적이 없던 그에게는 청천벽력과 같은 일이었다. 그리고 상대는 로마의 장교였다. 그는 편지를 품속에 넣고 말없이 자리를 떴다.

며칠 후 마리아의 숙부가 심각한 얼굴로 요안나를 찾아왔다. 만약 내일까지 마리아가 자신의 청혼을 받아들이지 않으면 마리아를 적의 장교와 은밀히 내통한 혐의, 간음한 죄를 뒤집어 씌워 이를 마을 원로들 재판에 부치겠다는 것이었다. 그리고 그 편지를 증거로 공개하겠다는 것이었다.

아무런 죄를 저지르지 않아도 재판관 두 명이 증언하면[29] 꼼짝없이 죄를 뒤집어쓰는 것이 당대의 재판 관습이었다. 가비오는 열심당원 중에서도 급진적인 암살단원, 시카리였다. 비록 사제나 재판관 중 마리아 편을 들어주고 싶은 사람이 있어도 로마에 협조한 사람이라는 낙인이 찍히면 언제든 시카리의 암살 대상이 될 수 있었다. 이제 살기 위해서는 길은 한 가지뿐이었다. 가비오의 청혼을 받아들이든가 그렇지 않으면 투석형으로 생을 마감하든지 둘 중 하나를 선택하는 것뿐이었다. 그날 저녁 요안나는 마리아를 불러 말하였다.

"가비오라는 인간이 네가 로마의 백인대장과 간음했다는 구실로 너를 고발하겠다고 하는구나. 네가 가비오의 청혼을 받아들이면 안전하겠지만 가비오는 로마에 항거하는 열심당원의 삶을 살고 있다. 우선 목숨을 부지하기

29　신명기 19, 15 증인에 관한 규정

위해 가비오의 아내가 된다는 것은 또 다른 위험을 자초하는 일이다. 그러니 너는 내가 시키는 대로 해라."

지금 마리아를 보호할 수 있는 길은 왕족의 도움을 받는 길뿐이었다. 요안나는 그날 저녁 자신의 친척인 헤로디아에게 마리아를 당분간 보호해달라는 편지를 써서 마리아에게 주고서는 다음날 새벽에 떠나도록 했다. 막달라에서 티베리아스까지 가는 육로는 길이 험하고 사람들 눈에 뜨이기 때문에 이른 아침 배로 떠나보내기로 했다. 그리고 얼마간의 재산은 요안나의 동생, 마리아의 외삼촌이 관리하고 있는 포도밭이 티베리아스에 있으니 후일 마리아에게 도움이 될 것이라고 했다. 후일 마리아는 예수와 그 제자들의 전교 여행에 동행하면서 재정적 지원을 하게 된다. 모든 것은 요안나의 사랑과 깊은 배려의 결과였다. 편지와 포도밭의 문서를 마리아 막달레나에게 전해주면서 요안나는 다음과 같이 말하였다.

"너는 위대하신 분의 은총에 힘입어 위험으로부터 보호를 받을 것이다. 내 딸아! 아무 두려움없이 길을 떠나거라. 이스라엘 민족을 이집트에서 이끌어내신 하느님께서 너와 함께 하실 것이다."

요안나는 마리아를 축복하고서 먼동이 틀 무렵 마리아

를 떠나보냈다.

이튿날 날이 밝았다. 가비오는 아침부터 기세등등하게 마리아 집으로 향하였다. 이제는 자신이 꿈에도 원하던 마리아와 결혼할 수 있게 되었다며 그의 육욕을 채울 꿈에 부풀어 있었다. 육신과 격정, 탐욕은 인간을 타락시키는 마귀의 도구였다. 그는 자신이 유다의 사회를 이끌고 하느님의 정의를 실현한다고 생각하였다. 그 과정에서 힘없는 여성의 감정이나 느낌은 정의의 이름으로 희생되어도 좋다고 생각하였다. 물론 아들이 없는 그 집안의 재산은 자신의 차지가 될 것이다. 그러나 가비오의 꿈은 산산조각이 났다. 집에 있어야 할 마리아는 어디로 갔는지 행적이 묘연한 채로 요안나만 집에 남아 있었다.

"장모님, 마리아는 어디로 갔습니까? 어서 말해주세요."

"나도 알 수 없네. 마리아는 자네와는 결혼하지 않을 걸세. 사람은 저마다 하느님께서 세상에 내신 사명이 있고 그 사명에 맞게 삶을 살아야 하네. 마리아는 자네와는 다른 삶을 살도록 하느님께서 점지해주셨네. 마리아는 총명한 아이이고 만일 자기 뜻을 펼친다면 이스라엘에 빛을 가져올 것이네."

"마리아가 이스라엘에 빛을 가져올 것이라고요? 여자가 남자 없이 이스라엘에서 무슨 일을 이룰 수 있단 말입니까? 요안나 아주머니도 이제 보니 정신이 혼미해지셔서 헛소리를 하시는군요."

"정신이 혼미한 건 자네일세. 이스라엘의 해방에 개입하신 야훼 하느님의 역사하심과 그 정신도 알지 못하고 이스라엘의 독립을 지껄이는 자네의 우둔함은 현인들로 하여금 치를 떨게 만드네. 자네는 민족해방의 메시아를 자처하고 있지만 내가 보기에는 천지를 모르고 깨춤 추는, 한갓 허파에 바람 들어간 잡졸에 불과하네."

가비오에게는 어릴 적에 배운 지혜의 말씀도 귀에 들어오지 않았고, 오직 폭력이 만사를 해결한다는 단순한 논리만이 그의 머리에 자리잡고 있었다. 말하자면 '단순무식' 그 자체였다. 이런 그에게 밤하늘의 별처럼 총명함과 예지(叡智)를 갖춘 마리아를 결합시킴은 한갓 진주를 돼지 목에 걸치는 형상이었다.

가비오는 요안나의 통렬한 질책으로 어렴풋이 자신의 정체성을 깨닫는 뼈아픈 순간이었다. 그러나 그럴수록 가비오는 이성을 잃어갔다. 가비오는 불에 덴 맹수처럼 표변하여 펄펄 뛰었다. 지금 당장 마리아가 간 곳을 말해주지 않으면 집에 불을 지르겠다고 요안나를 협박하였다. 요안나는 결혼하면 장모가 될 사람이었다. 이는 십계명을 어기는 패륜적 행동이었다. 제5계명인 부모에게 효도하라는 계명은 아내의 부모에게도 해당되는 것이다.

그러나 요안나는 꿈적도 하지 않았다. 이미 요안나는 결심이 서 있었다. 그는 자신의 존재가 마리아에게 부담이 될 것임을 알았다. 효성이 극진한 마리아는 어머니를 위해서라면 자신의 모든 것을 희생할 각오가 되어있었다. 그 자신이 마리아로부터 영원히 멀어진다면, 어쩌면 내세에서 만날 수밖에 없다 하더라도 자신의 존재가 더 이상 마리아 막달레나의 앞길을 막아서는 안 된다고 생각했다.

가비오는 집의 주거 부분과 맞닿아 있는 축사에 불을 질렀다. 축사에는 속죄 제물에 쓰일 수 있는 양과 송아지들을 기르고 있었다. 그리고는 마리아를 쫓아가기 위하여 큰길로 나아갔다. 불의 뜨거운 열기에 놀란 가축들은 비명을 지르며 빠져나가고 연기가 높이 솟아올랐다. 이웃은 불을 발견하고서는 부리나케 물을 길러 와서 불을 껐다. 그러나 불이 꺼진 다음에 연기가 흩어진 집에서 이웃은 여인의 시신을 발견하였다. 짐승의 축사에서 번진 불은 비록 주거부분을 다 태우지는 않았지만 연기 속에 질식한 것이 분명하였다. 이웃은 요안나의 시신을 집 뜰에 묻어 주었다.

가비오는 티베리아스 쪽으로 향하는 길로 말을 달렸다. 북쪽으로는 겐네사렛 평원이 있으나 그곳으로 갔을 리는 만무하다고 생각하였다. 아무래도 사람이 많은 티베리아스 쪽으로 갔음이 분명했다. 그러다 문득 가비오의 머리에 다음과 같은 생각이 떠올랐다. 젊은 여자가 혼자 길을 가려면 위험하고 사람 눈에 뜨이기 쉬우니 배를 타고 출발했으리라고 생각하였다. 생각이 이에 이르자 가비오는 말을 달려 막달라 포구 쪽으로 향하였다. 포구에서는 이제 막 몇 명의 여객을 실은 첫 배가 출발하려고 부두에 매어 놓았던 밧줄을 거둬들이고 있었다. 가비오는 배의 출발을 잠깐 멈추라고 소리 지르고 황급히 배에 올랐다. 그러나 배에는 마리아가 없었다.

마리아는 아침 일찍 걸어서 선착장에 도착하였다. 그러나 배가 출발하기에는 아직 한 시간은 기다려야 한다. 날이 밝으면 가비오는 곧장 들이닥칠 것이다. 마리아는 입술이 타들어왔다. '주님 저를 보호해 주소서!'

그때 물안개를 가르며 어선 한 척이 포구에 다가오는

것이 마리아의 눈에 들어왔다. 마리아는 어선 주인에게
하루치 어획량에 해당하는 돈을 치르고 자신을 티베리아
스까지 태워 달라고 부탁하였다. 어부는 마리아의 청을
흔쾌히 받아들였고 배는 티베리아스 포구를 향하여 출발
하였다.

마리아, 헤로디아를 만나다

마리아는 왕궁 경비병에게 다가서서 자신은 헤로디아 왕비의 동생인데 왕비에게 편지를 전해달라고 부탁하였다. 일반 사람들 같으면 왕궁 경비병이 거들떠보지도 않았을 것이나 마리아가 실제로 왕비와 용모가 비슷하였으므로 왕비의 진짜 동생일지 모른다고 생각하였다. 또한 편지만을 전해달라고 하니 왕비가 편지를 받고서 이를 무시하면 그뿐이므로 왕궁 경비병은 편지를 전해주기로 했다. 만약 문전에서 박대하고 쫓아내었을 경우 정말 동생이라면 후일 그에 대한 책임을 물을 것이 두렵기도 하였다.

헤로디아는 그날도 마음이 불안했다. 세례자 요한을 타볼 산 인근에서 왕궁 경비대로 하여금 체포하게 하여 마케루스 요새까지 압송하도록 하였으나 그 제자들의 복수가 두려웠다. 세례자 요한은 만만찮은 추종자와 백성의 지지를 받고 있었다. 나중에 왕궁 경비대의 보고로 세례자 요한의 체포사실을 전해들은 헤로데는 언짢은 표정을 지었으나 이미 엎지른 물이었다. 오히려 그 세력이 커지기 전에 그를 마케루스 요새에 가둠으로써 싹이 자라기 전에 환란을 막았다고 스스로를 위로하고 있었다.

그날 왕궁 경비병이 동생이라고 하는 젊은 여인이 편지를 가지고 오셨다며 헤로디아에게 편지를 전하였다. 헤로디아는 요안나로부터 온 편지를 경비병으로부터 받아 읽었다. 헤로디아는 자신이 어렸을 때 한 마을에 살면서 그를 끔찍이 아껴주던 요안나가 생각나 잠시 어린 시절의 추억에 잠겼다.

편지의 내용은 지금 마리아가 로마의 백인대장을 몇 차례 만났다는 이유로 친척들로부터 오해를 받아 심각한 위험에 처해 있으니 위험이 사라질 때까지 당분간 보호해 주기를 바란다는 내용이었다. 헤로데 왕가는 전왕 헤로데 대왕이 아우구스투스 황제에 의해 유다의 분봉왕으로 임명되었을 때부터 로마제국과 끈끈한 관계를 이어왔다. 로마 백인대장과 연인관계라면 오히려 마리아 막달레나의 존재가 왕실에 도움이 될지도 모르는 일이었다. 헤로디아는 마리아를 반갑게 맞이하였다. 마리아는 나이 차이가 있었지만 어린 시절 헤로디아를 몇 번 본 적이 있었다. 그러나 이제 헤로디아는 일국의 왕비였다. 궁궐의 시종에게 둘러싸인 헤로디아는 눈부시게 아름다웠다.

"네가 요안나 아주머니의 딸, 마리아구나. 어릴 때 몇 번 보고서 이제 너를 보니 몰라보게 아름다워졌구나. 과연 로마의 백인대장이 너에게 넋을 빼앗길 만하구나. 네가 원할 때까지 이곳에서 지내려무나."

마리아는 궁궐에서 지내는 동안 막달라라는 가난한 어촌 어민들의 생활과는 하늘과 땅만큼 차이가 나는 궁궐의 화려함과 절제 없는 사치에 놀라지 않을 수 없었다. 최고 회의의 회원인 대사제와 왕족들은 백성들의 세금과 십일조를 무기로 자신들의 사욕을 채우고 지방의 말단 사제들은 그들이 당연히 받아야 할 십일조 몫을 빼앗기고 굶주렸다. 마리아는 영혼이 맑은 여인이었다. 그는 백성이 굶주리는데 왕실은 사치와 향락에 젖어 있다는 사실에 마음이 불편하였다.

마리아는 마리우스를 생각하였다. 그의 남자답고 잘 생긴 얼굴, 그리고 여자의 마음을 헤아리는 사려 깊은 말은 마리아의 가슴 속을 흔들어놓았다. 그는 여자를 남자의 소유물로 대하는 이스라엘의 전통을 야만적이라고 비난하였다. 그러나 마리우스가 가파르나움으로 떠나간 이후 마리아는 어떠한 연락도 받지 못하였다. 마리아는 마리우스의 편지가 도중에 가비오에 의해 가로채어진 사실을 모르고 있었다. 다만 가비오가 자기와 결혼하고 싶어 하는 연유로 자기를 고발한 것으로 생각하였다. 그리고 한편으로는 나사렛 사람이라 불리는 예언자가 떠올랐다. 그녀는 예수의 말을 들었을 때 영감이 가슴을 적셔오는 느낌을 받았다. 그러나 예수는 티베리아스, 헤로데 안티파스의 왕궁이 있는 곳으로는 오지 않았다.

마리우스, 예수가 아이를 살리는 기적을 보다

마리우스는 부대 행군 중에 유다의 주민들을 자극하지 않기 위하여 각별히 신경을 썼다. 위풍당당 군의 부대 깃발을 앞세우고 행군하기보다는 우상숭배를 거부하는 유대인을 자극하지 않기 위하여 부대 깃발을 부대 내에 두고 가급적이면 곡식을 재배하는 밭을 말이 들어가 망치는 일이 없도록 하였다.

그러나 뜻하지 않게 사고가 발생하고 말았다. 유다의 어린이가 길 한복판에서 놀다가 병사의 말과 부딪쳐 넘어지는 사고가 발생하였다. 이에 놀란 말은 한바탕 다리를 치켜

세우고 히힝 하고 소리를 지르며 뛰어오르다 불운하게도 말발굽에 붙은 편자가 아이의 이마를 강타하고 말았다. 아이는 머리가 깨어지는 중상을 입고 그 자리에 축 늘어지고 말았다. 마리우스는 군부대에 연락하여 의사를 부르고 아이에게 응급조치를 하였다. 피가 쏟아지는 것을 막기 위하여 천으로 붕대를 만들어 아이의 이마를 감쌌다. 그러나 아이의 입술은 파랗게 변하고 몸은 벌써 차갑게 식어갔다. 아이의 어머니는 비명을 지르며 병사로부터 죽어가는 아이의 몸을 빼앗아 자신의 품에 안고 부르짖었다.

"오! 하느님! 이 아이를 구해주십시오. 저는 이 아이가 없으면 죽을 거예요."

가파르나움에서 제자들과 더불어 길을 가던 예수는 멀리서 사람들이 웅성거리는 것을 보았다.

"무슨 일입니까?"

그 아이의 이웃인 듯한 사람이 예수에게 애원한다.

"아! 예수님, 한 아이가 로마 병사의 말발굽에 채여서 지금 죽어가고 있습니다. 머리가 깨어져서 피를 너무 많이 흘려 살아날 가망이 없다고 합니다. 주님 그를 살려주십시오."

예수는 어머니가 아이를 끌어안고 넋을 잃고 부르짖는 곳으로 갔다. 그리고 천천히 어머니에게 달래듯이 말을 건넸다.

"부인, 먼저 그 아이를 저에게 주십시오. 제가 그 아이의 생명을 살려주실 것을 하느님께 청하겠습니다."

그러나 그 어머니는 아이의 몸을 한층 꽉 끌어안고 통곡하기만 했다.

"부인, 이래서는 아이를 구할 수 없습니다. 저에게 그 아이를 주십시오."

어머니는 그제야 아이의 몸을 예수에게 맡겼다. 벌써 심장의 맥박도 느려지고 이마에서는 피 떡이 생겨 붕대와 엉겨 붙어 있었다. 예수는 아이의 붕대를 먼저 벗겨냈다. 그러자 피가 엉겨 붙은 붕대는 이마에서 상처를 드러내며 떨어져 나갔다. 예수가 손으로 이마를 어루만져주자 거짓말처럼 상처가 아물기 시작했다. 그리고 예수는 자신의 숨결을 아이에게 불어넣었다.

"아이야, 나자렛 사람 예수가 하느님 아버지의 명에 따라 너에게 말한다. 일어나라!"

그러자 아이는 얼굴에 온기가 돌면서 다시 숨을 쉬기 시작했다. 이윽고 아이는 눈을 뜨고 여기가 어딘지 마치 잠에서 깨어난 듯한 얼굴로 예수를 바라보았다. 그곳에는 낯선 사람의 한없이 자애로운 눈빛이 아이를 응시하고 있었다.

갈릴래아 주민은 이스라엘의 하느님을 찬양하며 아이를 살려주신 예수의 이름을 메시아로 받들며 찬양하였다. 예수는 아이를 품에 안았다가 어머니에게 돌려주었다. 아이를 돌려받은 어머니는 눈물을 글썽이면서 '주님! 감사합니다. 주님! 감사합니다.' 감동의 찬미를 하느님, 그리고 예수께 드렸다.

마리우스는 그때 예수를 처음 보게 되었다. 그리고 마리아 막달레나가 한 말을 떠올렸다. 그녀는 집 앞뜰에서 예수님을 만났다는 사실과 예수님이 메시아일지 모르겠다는 사실을 말하였다. 마리우스는 말발굽에 채인 아이를 직접 치료했으므로 아이가 죽어가고 있음을 두 눈으로 확인하였다. 그런 아이가 예수의 말 한마디로 살아난 것이다. 하느님이 이 거룩한 사람을 보내셨다는 것은 하느님께서 이스라엘 민족을 버리지 않았음을 증거하는 것이라고 그는 생각하였다. 대부분의 사람은 예수의 표징을 보고 그를 믿었다. 그러나 마리아가 그를 첫눈에 알아본 것은 마리아의 영혼이 맑았기 때문이다. 그는 마리아 막달레나가 한층 보고 싶어졌다. 그러나 마리아는 세상 어디에서도 찾을 수 없었다.

세례자 요한의 죽음

    예수가 갈릴래아에서 전도를 하는 도중 슬픈 소식이 들려왔다. 세례자 요한이 마케루스 요새에서 죽었다는 소식이었다. 요한은 마케루스 요새에서 조용히 숨을 거두었다. 제자들은 요한의 시신을 거두어 장사를 지냈다. 세례자 요한은 죽었으나 '사람의 아들' 예수의 구원의 때도 점점 다가오고 있었다. 예수는 말한다.

    "여자에게서 태어난 이들 가운데 요한보다 더 큰 인물은 없었다. 세례자 요한은 진리를 말했으나 세상은 듣지 않았으며 폭력을 쓰는 자들이 하느님 나라를 자신의 것으로 하려고 한다. 하느님의 지혜서[30]는 말한다. 어리석은 자들의 눈에는 의인들이 죽은 것처럼 보이고 그들의 말로가 고난으로 생각되며 우리에게서 떠나가는 것이 파멸로 여겨진다. 그러나 의인의 영혼은 하느님 품에서 평안을 누릴 것이다."

---

30   지혜서 3, 1-3

마리아 막달레나,
티베리아스 왕궁에서 유혹을 받다

티베리아스 궁에서 마리아는 아름다움이나, 이스라엘의 유일신 하느님에 대한 믿음과 율법을 지킴에 있어 군계일학과 같은 존재였다. 헤로데 안티파스의 부왕 헤로데 대왕은 원래 이두메아 출신이었으나 유다의 정통성을 나타내기 위하여 하스모네아 왕족, 마리암과 결혼하였으며 또한 예루살렘 성전을 재건·확장하였다. 그는 유대인에게 있어 성전이 갖는 의미를 잘 알고 있었다.

헤로데 대왕은 성전, 왕궁 등 대규모의 건축과 자신의 호화스러운 생활에 필요한 돈을 위하여 막대한 세금을 거두어들였다. 농민들은 빚에 쪼들려 농지를 팔고 소작인으로 전락하였다. 그는 황제의 분봉 왕으로서 막대한 공물을 로마에 바쳤다. 옥타비아누스(후일 로마 황제 아우구스투스)가 이집트 원정 시에는 군대 보급품과 800달란트를 제공했다. 예루살렘에 그리스식 원형경기장을 세웠고 왕실에서는 그리스어를 사용하고 이교적인 정책을 펼쳤다. 그의 아들 헤로데 안티파스는 티베리아스에 갈릴래아를 통치할 왕궁을 짓고 아버지와 같이 폭정을 일삼았다. 동생 필리포스의 아내 헤로디아를 취하는 불의한 일을 행하였고 이를 질책하는 세례자 요한을 마케루스 요새에 가두어 죽음에 이르게 하였다.

마리아는 여자가 부정하게 되는 기간 잠자리를 정결하게 하고 또한 그 기간이 끝난 뒤 이레 뒤에 몸을 깨끗이 하는 정결례를 행하였다. 그러나 왕실은 전혀 유다의 율법을 지키지 않고 유다의 철천지원수라고 할 수 있는 안티오코스 왕조의 문화전통을 따르는 경우도 있었다. 헤로데 대왕과 그의 아들 안티파스는 유대인의 왕이었지만 원래부터 유대인이 아니었다. 헤로데 대왕이 속했던 이두메아 족은 불과 한 세대 전에 유대교에 편입되었고 헤로데 대왕의 어머니는 아랍인이었다. 그들은 엄격한 안식일의 규정이나 유다 율법에 금하는 음식도 지키지 않았다.

그러나 마리아를 더 이상 견딜 수 없게 만든 것은 안티파스의 호색 기질이었다. 헤로디아의 감시 때문에 그의 욕망을 노골적으로 드러내 보이지는 않았으나 마리아가 몸을 씻을 때 장막 뒤에 숨어서 이를 훔쳐보는 일이 있고 심지어는 헤로디아에게 이 장면이 들키기까지 하였다. 마리아는 어떠한 유혹으로부터도 확고하게 자신을 지켰으며 오로지 이스라엘의 유일신에게 전심으로 충실하였다. 헤로디아는 질투의 화신이요, 탐욕의 화신이 되어 있었다. 그는 어릴 때 보았던, 요안나가 사랑하던 헤로디아가 아니었다. 마리아는 헤로디아의 변신에 진심으로 가슴아파하고 슬퍼했다.

"헤로디아 언니, 언니는 어머니가 사랑하던 천사 같은 언니가 아니군요."

"마리아, 이곳 왕궁은 천사들이 사는 곳이 아니란다. 내가 만약 천사처럼 순결한 마음만을 지니고 있었더라면 벌써 궁에서 쫓겨났을 거야. 여기는 한 걸음 잘못 내디디면 천 길 낭떠러지로 떨어지는 파멸이 도사리고 있는 곳이야. 네가 만약 하느님의 뜻을 품고 있더라도 그 뜻을 성취하기 위해서는 권세가 필요하고 너의 추종자가 필요한 법이란다. 만약 내가 왕의 총애를 잃고 영향력을 잃는다면 그때부터 사람들은 나에게 등을 돌리고 배신의 비수를 등에 꽂을 거야."

"그러나 세속의 권세를 잃는 것보다 무서운 것은 하느님의 사랑을 잃는 것이에요. 우리 조상의 모세 5경 중 신명기는 하느님에 대한 충성과 반역이 곧 이스라엘 민족의 번영과 파멸을 결정지을 것이라고 했어요. 저는 헤로데 왕실이 하느님과 유대 민족이 계약한 율법을 어기고 죄를 짓는 것을 볼 때마다 가슴이 아파요."

"하하, 율법 말이냐? 그것은 율법학자들과 사제들의 재산 축적의 도구가 된 지 이미 오래되었다. 아직도 모르겠느냐? 그들은 온갖 종류의 부정한 물건들을 임의로 만들어내어 이에 손이 닿기만 해도 부정하게 된다고 하여 신앙심 깊고 가난한 유대인들을 착취하고 있다. 사제들은 정결예식의 명목으로 속죄 제물로서 가난한 사람은 비둘기 두 마리를, 부자는 흠 없는 양 한 마리를 바치게 하는 등 갖가지 방법으로 유대인의 재산을 갈취하고 있어. 율법은 유대 민족을 구원하지 못하였단다. 마카베오 항쟁시 저항자들 중 일부는 안식일에 싸우는 것을 거부하다

몰살당하기조차 하였지. 히즈키야 왕은 율법을 잘 지킨 성왕으로 유대 실록은 기록하고 있으나 아시리아의 산혜립 왕에 의하여 국토가 유린되어 쑥대밭이 되다시피 하지 않았느냐. 요시아 왕 역시 신명기 원본을 힐키야 사제가 발견하고 율법을 지키기 위하여 이교의 사제들을 모조리 살육하고 아세라 산당을 없앴으나 이집트의 파라오 느코에게 므기또 전투에서 패하여 자신도 죽고 결국 유다 왕국도 멸망에 이르지 않았더냐? 그럴 바에야 부국강병의 찬란한 문화전통을 이루었던 그리스식 전통을 따르는 것이 백성들의 안락한 삶을 위해서 더 낫지 않느냐?"

"율법학자들이 잘못을 저지르고 있는 것이지 원래 계명은 십계명 같은 단순한 하느님의 계시였어요, 우리 율법은 안식일에 하느님을 경배하고, 위생을 위하여 식사 전 손을 씻고 몸을 깨끗이 하며 부패하기 쉬운 음식을 금하는 등 이스라엘 민족의 건강을 위해서 마련한 것이었어요. 율법의 정신을 이해하지 못하는 언니를 위하여 기도하겠어요."

"너는 참으로 영혼이 맑은 하느님의 종이로구나. 그러나 네가 타락하고 방종한 궁궐생활을 오래 버텨낼 수 있을지 모르겠구나."

어느 날 마리아는 티베리아스 왕궁에 머무르고 있던 헤로데 아그리파의 저녁 초대를 받았다. 그는 헤로데 대왕과 마리암 왕비의 손자이며 안티파스의 형인 아르켈라오스의 아들이었다. 아그리파는 어릴 때부터 로마에 유학하여 로마 문물을 익히고 훗날 로마 황제가 되는 귀족들과 교분을 가졌다. 아그리파는 후일 왕위에 올랐을 때 제배대오의 아들 야고보 사도를 죽이고 베드로 사도를 옥에 가두는 등 그리스도교를 핍박한 인물이다. 아그리파의 아버지 아르켈라오스는 폭정으로 인해 서기 6년 아우구스투스에 의하여 영주의 자리에서 쫓겨났다. 후일 아그리파는 39년 갈릴래아 지방의 분봉 왕에 봉해졌고 이어 자신의 친구 클라우디우스 황제에 의하여 41년 유다와 사마리아 지역까지도 장악하게 된다.

마리아는 저녁 초대를 받고 걱정이 되었다. 만약 아그리파가 다른 생각을 품고 있으면 자기를 보호할 마땅한 수단이 없기 때문이다. 헤로디아는 아그리파를 불러 마리아는 자신의 친척 동생이니만큼 마리아를 왕족으로 예우해 줄 것을 부탁하였다.

아그리파 1세는 저녁 중에 로마의 위대함, 로마 도성의 번영된 모습과 찬란한 문화를 설명하였다. 그리고 아그리파 자신이 로마 황제의 환심을 사고 있어, 앞으로 유다와 사마리아, 갈릴래아를 다스릴 분봉 왕이 될 것이라고 말했다. 그는 마리아를 유혹하면서 자신의 아내가 되어 줄 것을 요청하였다. 아그리파는 마리아를 왕궁 난간에 데리고 나가서 왕궁에서 바라보이는 세상을 가리켰다.

"마리아, 지금 눈앞에 보이는 푸른 숲으로 덮인 아름다운 이 도시도 나의 통치 아래 놓이게 될 것이요. 나의 것이 된다는 것은 또한 당신의 위엄과 영광 아래 놓이게 된다는 것을 뜻하는 것이요. 세상의 모든 권세, 재화, 명예, 당신이 필요로 하는 모든 것을 당신이 가질 수 있게 될 것이오."

이는 바라빠가 예수를 자신과 더불어 지상왕국의 권세와 부귀영화를 갖게 되리라고 유혹하는 장면을 연상하게 한다. 마리아는 마리우스를 제외하고 다른 남자의 아내가 된다는 것을 생각해본 적이 없었다. 마리아는 잠시 생각에 잠기는 듯하다가 이윽고 아그리파를 향해 입을 열었다. 마리아는 전도서에 기록된 솔로몬 왕의 경귀를 꺼내 들었다.

"천년 전에 이미 솔로몬 왕께서 세상만사는 모두 '헛되고 헛되다'고 하셨습니다. 제가 분수에 맞지 않게 왕자님과 결혼해서 왕비가 되고 부귀영화를 탐하는 것은 '헛되고 헛됨'에 또한 한 가지를 더하는 어리석음입니다. 솔로몬 왕은 '있던 것은 다시 있을 것이고 이루어진 것은 다시 이루어질 것이니 태양 아래 새로운 것은 없다'고 이르셨습니다. 새로운 것이 없는 오늘의 영화(榮華)는 결국 내일의 허망함으로 끝날 것입니다. 솔로몬 왕은 모든 분들보다 지혜를 크게 하고 더하였으며 지혜와 지식, 우둔과 우매를 깨치려고 마음을 쏟으셨습니다. 로마의 번영이 끝이 없고 그 나라가 하늘 아래 부귀영화를 독차지하고 있더라도 유한한 인간의 영광은 무한한 야훼 하느님 나라의 영광에 만분의 1에 미치지 못할 것입니다. 태양 아래 애쓰고 노심초사한들 이 또한 한갓 바람에 휘날리는 티끌에 불과할 것입니다.

하늘 아래 모든 것은 때가 있습니다. 사랑할 때가 있고 미워할 때가 있으며 웃을 때가 있고 울 때가 있습니다. 또한 기뻐할 때가 있고 슬퍼할 때가 있습니다. 지금은 이스라엘 백성이 고난 중에서, 울며 슬퍼하고 탄식할지라도 이 세상에 메시아가 올 때 사람들은 사랑하고 웃으며 기뻐할 것입니다. 저는 메시아가 이 땅에 빨리 오시어 왕자님을 사랑할 수 있게 되기를 바랍니다."

아그리파는 마리아가 솔로몬 왕의 전도서를 꿰고 있음을 알고 놀라서 입을 다물지 못했다. 숙모 헤로디아에게 마리아의 총명함을 들었으나 이토록 지혜와 지식이 충만한 여인일 줄은 생각하지 못하였다. 아그리파는 마리아의 손을 꼭 잡으며 말했다.

"그대는 막달라에서 나고 자랐다고 들었는데 어떻게 이런 지혜와 지식을 갖게 되었소. 정말 놀랍구려. 내 기회가 되면 당신의 지혜의 말을 다시 듣고 싶소."

마리아는 왕궁에서 지낸지 1년 가까이 경과하자 막달라로 돌아가겠다고 헤로디아에게 말하였다.

"티베리아스에 외삼촌이 사신다고 해요. 저희 집 재산인 포도밭을 맡아서 경작하고 있다는데 포도밭을 시세대로 구입해달라고 부탁하겠어요. 그리고 그 돈을 받아서 막달라로 돌아가겠어요."

마리아는 아직 요안나가 살아 있는 것으로 생각하였다. 마리아는 자신을 지극 정성으로 보살펴온 어머니 요안나가 이 세상 사람이 아니라는 것은 생각도 할 수 없었다. 마리아는 막달라에 가서 어머니와 비밀스럽게 합류한 다음 가파르나움으로 갈 예정이었다.

헤로디아는 마리아의 외삼촌이라는 사람을 믿을 수가

없어 우선 왕궁의 경비대장으로 하여금 포도밭을 팔게 하여 그 대금을 징수하도록 하였다. 그리고 마리아가 포도밭의 대가를 받고 나서는 마리아가 배에 오를 때까지 마리아를 호위하도록 하였다.

마리아의 외삼촌은 원래 욕심이 많은 사람이었으며 그 포도밭을 자신의 것으로 생각하여 요안나에게 포도밭에서 수확된 것에서 한 푼도 임차료로 지급한 적이 없었다. 그러나 제 아무리 탐욕스런 그일지라도 헤로디아 왕비의 권세와 왕궁 경비대장의 서슬에 눌려 포도밭 대금을 지불하지 않을 도리가 없었다. 그는 돈을 지급한 후 은밀하게 어디론가 연락을 취하였다.

예수, 사마리아인 나병환자를 치유하다

    예수는 사마리아와 비교적 가까운 나인 지역을 걷고 있었다. 길 위에 여행객이 쓰러져 있는데, 옷은 거의 헤어져 넝마나 다름없고 몸은 여윌 대로 여위어 뼈와 가죽만 남아 있었다. 그리고 몸에는 크게 두드러지지는 않았지만 종기가 군데군데 돋아 있었다. 그는 천형의 병, 나병을 앓고 있었던 것이다. 갈릴래아 사람들에게서 그는 물과 약간의 빵을 원했지만 사람들은 그를 배척하고 심지어는 돌을 던져서 그를 쫓아내었다. 마침내 그는 영양실조로 쓰러지고 말았다.

예수는 길손을 일으켜 앉혔다. 너무나 힘이 없어서 그가 말하는 소리도 귀에 겨우 들릴락 말락 하였다. 예수는 우선 물을 먹인 후 제자들이 가진 빵을 조금씩 떼어 먹여 길손으로 하여금 정신을 차리게 한 후 물었다.

"당신은 이곳 사람은 아닌듯한데 무슨 일로 갈릴래아에 왔습니까? 왜 이곳에 쓰러져 있습니까?"

"저는 사마리아에서 채소를 가꾸는 농부였습니다."

"사마리아에서 농사를 짓던 분이 어떤 연유로 이곳까지 와서 이런 험한 일을 당하셨습니까?"

"저는 천형(天刑)의 병, 나병을 앓고 있습니다. 저는 귀여운 딸 셋과 아내와 함께 행복하게 살았습니다. 저의 딸은 하느님께서 저에게 내리신 축복이었습니다. 아빠를 하늘처럼 따르고 제 아내도 이런 딸을 지극 정성으로 보살폈습니다. 그런데 어느 날 저는 밭일을 하는 중에 손의 마디에 감각이 없어진 것을 발견했습니다. 그래서 저는 바늘로 저의 손등을 찔러 보았지만 아무 감각이 없었습니다. 저는 한 사마리아인으로부터 갈릴래아에 예수라는 랍비가 나병환자를 치유하였다는 말을 들었습니다. 그리하여 저는 약간의 밭을 처분하여 병이 더 심해지기 전에 그 랍비를 만나려고 갈릴래아로 왔습니다. 그러나 저는 운이

나쁘게도 바람처럼 자유롭게 다니시는 그분을 만날 수 없었습니다. 어떤 때는 제가 도착하기 한 시간 전에 그분께서는 그 곳을 떠나, 길이 어긋나고 말았습니다.

한번은 그분을 지척에 두고 그분을 만나려고 하였습니다마는 그분의 제자인 듯한 분이 저를 제지하여 만날 수 없었습니다. 그리고 그 랍비는 떠나갔습니다. 그분의 제자는 저에게 불결한 몸을 한 당신이 하늘같으신 메시아를 만난다는 것은 주님을 욕되게 하는 것이라고 말했습니다. 저는 그래서 메시아라고 불리는 그분을 뵐 자신을 잃었습니다. 그분이 유대인도 아닌 사마리아인인 저의 병, 그것도 저주받은 저의 몸을 고쳐주시리라는 믿음도 점점 잃게 되었습니다. 그러자 병은 점점 발전하여 겉으로 종기가 드러나게 되자 사람들은 제가 나병환자인 것을 눈치채고 숙소나 음식제공도 거절했습니다. 저는 제 한 몸 죽는 것은 상관없습니다만 제 딸을 두고서는 차마 눈을 감을 수 없습니다. 그래서 언젠가는 메시아이신 그분을 뵐 수 있으리라 생각하고 병든 몸을 이끌고 지금까지 버티어 왔습니다."

"당신은 메시아이신 그 분을 뵐 것이라는 믿음을 지금도 간직하고 있습니까?"

"예, 저는 제 딸들과 사랑하는 아내를 위해서도 갈릴래아의 그 랍비를 만나야 됩니다. 그리고 이스라엘의 살아 있는 하느님께서 저의 소원을 들어주시리라 믿습니다."

"당신은 갈릴래아의 그 랍비께서 이방인 사마리아인을 돌보아 주시리라 믿습니까?"

"그분께서 이방인을 차별하지 않으신다고 저는 들었습니다. 심지어 로마인도 그리스인도 하느님께서는 한 울타리에 거두어들이신다고 하셨습니다."

"당신은 하느님이 당신을 사랑하신다는 것을 믿습니까?"

"저같이 육신의 병으로 몸이 문드러진 사람을 지고의 하느님이 어찌 사랑할 수 있겠습니까?"

"하느님은 아버지이십니다. 아들이 중병에 걸렸다고 해서 어찌 아버지가 자식을 버리겠습니까? 하느님은 그 아들을 못내 안타까운 마음으로 보살피십니다. 아버지는 나를 오늘 당신과 만나게 해주셨습니다. 당신은 갈릴래아의 그 랍비와 지금 이야기하고 있습니다."

"아! 하느님 감사합니다. 저를 메시아이신 당신과 만나게 해 주신 야훼 하느님이시여 찬미 받으소서!"

"인간이 육신의 병을 앓는 것은 인간이 잘못하여서가

아닙니다. 육신이 건강하더라도 영혼의 나병을 앓는 사람이 있습니다. 교만함, 위선, 짐승 같은 잔인함, 육욕, 이웃의 고통을 외면하는 것이 모두 영혼의 나병을 앓는 사람들의 성정(性情)입니다. 당신이 하느님의 사랑을 믿는다면 영혼이 먼저 치유될 것이며 이에 따라 영혼과 결합된 육신도 치유될 것입니다."

"주님, 지극히 자애로우신 하느님의 사랑을 믿습니다."

예수는 손을 내밀어 나병환자의 손을 잡으며 말했다.

"당신의 죄는 용서받았습니다. 깨끗해진 당신의 육신을 사제에게 보인 후 제물을 바쳐 증거가 되게 하십시오. 그리고 당신의 사랑하는 가족을 만나시기 바랍니다. 당신의 영혼이 아버지를 향해 다시 태어날 것입니다."

예수는 아무 일도 없었던 듯 나인에서 다음 행선지를 향하여 발걸음을 옮겼다. 치유의 은총을 입었던 나병환자는 예수가 시야에서 사라질 때까지 무릎을 꿇고 야훼 하느님과 예수를 찬양하고 있었다.

예수, 로마의 백인대장에게 기적을 베풀다

예수는 갈릴래아 지역에서 복음을 선포하였으나 주로 가파르나움에서 많은 활동을 하였다. 중풍환자, 나병환자 등 많은 사람이 그에게서 치유의 기적과 은총을 받았다. 예수가 가파르나움에서 제자들과 함께 해안을 걷고 있을 때 로마의 백인대장이 자신을 만나기 위해 기다리고 있는 것을 보았다.

"주님, 저는 로마의 백인대장입니다. 저의 하인이 중병으로 매우 괴로워합니다. 주님께서 고쳐주십시오."

실제 백인대장의 하인은 중병에 걸려서 생사의 기로에

서 있었다. 그곳까지 걸어가는 도중에 죽을 수도 있었다. 예수는 백인대장을 주의 깊게 살펴보다가 '먼저 앞장서 가시면 제가 따라가겠습니다.' 하고 일렀다. 그러나 백인대장은 이렇게 말하였다.

"저는 이방인입니다. 주님께서 이방인의 집에 오심으로써 거룩하신 명성에 해가 될까 두렵습니다. 저는 주님을 저의 지붕 밑으로 모실 자격이 없습니다. 주님께서는 말씀으로 제 하인을 낫게 하실 수 있습니다. 저도 로마 병사 100인의 대장으로서 그들을 부릴 때 이리로 오라 하면 그들이 이리로 오고 저리로 가라 하면 저리로 갑니다."

혹시 예수가 이방인의 집에 들어감으로써 예언자로서 예수의 이름에 흠이 되지 않을까 백인대장은 우려한 것이다.

예수는 유다 백성으로부터 한편으로는 존경을 받았으나 한편으로는 고향 나자렛 주민들을 포함하여 율법학자들과 제사장들로부터 수없이 많은 모욕과 배척을 당하였다. 예수는 하늘을 바라보면서 탄식하듯 말했다.

"나는 이스라엘에서도 이러한 믿음을 본 적이 없구나."

그리고 백인대장을 보면서 말하였다.

"당신의 사랑이 바로 하인의 목숨을 구했습니다. 당신 하인은 살아날 것입니다."

그 백인대장은 숙소로 가는 도중 중병을 앓던 하인의 병이 나았다는 전갈을 받았다. 그는 이스라엘에 하느님의 대리자가 태어났음을 알았다. 그리고 예수가 '나는 이스라엘에서도 이런 믿음을 본 적이 없구나.'하고 혼자 탄식하는 것을 들었다.

이스라엘은 세례자 요한을 죽였고 또한 예수마저 배척하고 있었다. 그들은 예언자를 알아보지 못하고 박해하고 있었다. 로마의 백인대장, 이방인으로 예수를 자기 집안에 모실 자격이 없다고 고백한 사람은 마리우스였다. 그는 마리아 막달레나로부터 이분은 메시아일지 모른다는 이야기를 들었다. 마리우스는 예수가 병사의 말발굽에 채여 피를 쏟고 죽어가던 아이를 살려내는 기적을 목도하였다. 그는 예수가 이스라엘이 기다리던 메시아임이 분명하다고 생각하였다. 그러나 대사제, 율법학자들과 바리사이들이 자신들의 사적 이해관계에 눈이 가려져서 예수의 신원(身元)을 알아보지 못하는 것이 안타까웠다.

당신의 믿음은 어디에서 왔습니까?

다음날 마리우스는 예수의 설교를 듣는 군중 틈에 섞여 있었다. 예수의 음성은 여름 하늘의 구름처럼 잔잔하였고 힘이 있었다. 그에게는 사람의 마음을 어루만져주는 따뜻함과 애정이 서려 있었다. 그의 하느님은 자애로운 아버지요, 따뜻한 미소로 아들을 감싸 안는 아버지였다. 예수는 '돌아온 탕아(蕩兒)'이야기를 들려주었다.

"부자에게 두 아들이 있었는데 둘째 아들은 일찌감치 자기 몫의 재산을 분배받았습니다. 그리고 타지에 나가서 육욕과 방탕에 빠져 재산을 탕진하였습니다. 그는 흉년에 남의 집 하인이 되어 돼지들이 먹는 열매 꼬투리로라도 배를 채우기를 원하였지만 그것마저 제대로 주어지지 않았지요. 그는 그제야 정신이 들어 아버지에게 돌아가 용서를 청할 것을 결심하였습니다. 그는 아버지에게 찾아가 용서를 빌었습니다. '아버지, 저는 하늘과 아버지께 죄를 지었습니다. 아버지 앞에 엎드려 죄의 용서를 청합니다.' 아버지는 둘째 아들을 껴안으면서 말했습니다. '아들아, 이리 가까이 오너라. 너를 내 품에 안고 너의 체온을 느껴 보고 싶구나. 나는 네가 죽은 줄 알았는데 이렇게 살아 돌아와 주었으니 내 기쁨을 어디다 비길 수 있으랴.' 하느님은 둘째 아들을 용서하시는 아버지와 같습니다. 여러분의 죄가 있다면 아버지께 회두(回頭)하여 잘못을 고백하고 용서를 청하십시오. 오히려 죄악이 있는 곳에 하느님 아버지의 은총이 있습니다. 죄악이 비록 진홍처럼 붉어도 양털처럼 희어질 것입니다."

어제의 그 백인대장이 군중 틈에 섞여서 예수의 설교를 듣고 있었다. 예수는 그 백인대장을 발견하였다. 그는 평복을 하고 있었으며, 예수가 그에게 다가오자 당황한 낌새를 보였다. 예수는 이미 알고 있었다. 막달라의 한 우물가에서 만난 마리아 막달레나가 예수에게 이방인과의 사랑을 고백한 적이 있었다. 그 이방인이 바로 어제 하인의 생명을 구해주십사고 청한 로마의 백인대장 마리우스였다. 예수는 먼저 마리우스에게 다가와 말을 걸었다.

"저는 어제 당신의 사랑을 보았고 하느님께 대한 믿음을 보았습니다. 당신은 히브리인도 아니면서 어찌하여 그토록 이스라엘에서도 보기 힘든 믿음을 갖게 되었습니까?"

"저는 막달라의 한 우물가에서 히브리 여자를 만났었습니다. 그 여인은 무척 아름다웠고 밤하늘의 별처럼 빛나는 믿음, 하느님에 대한 절절한 믿음을 간직한 여인이었습니다. 그 여인이 주님을 이스라엘을 구원할 메시아라고 말했습니다."

"나 역시 그 우물가에서 그 여인을 만났었소. 그리고 이방인에 대한 사랑을 저에게 고백하며 용서를 청하였지요. 그래서 나는 그 여인 마리아에게 하느님은 모든 민족을 사랑하시며 차별 없이 대하신다고 말해주었습니다. 당신 역시 아름다운 영혼을 지닌 하느님의 자녀입니다."

마리우스는 자신들의 사랑이 이스라엘의 메시아로부터 축복받는다는 사실에 너무나도 감격하여 무릎을 꿇고 예수께 간청한다.

"저는 막달라를 떠나온 후 마리아를 잊어본 적이 없습니다. 그러나 지금은 그 여인을 만날 수 없습니다. 주님! 만약 저의 사랑을 허락하신다면 마리아를 다시 만날 수 있도록 해주십시오."

"하느님 아버지께서는 구하면 받을 것이요, 찾으면 얻을 것이요, 두드리면 문이 열리리라 하셨습니다. 당신의 마리아를 향한 사랑은 아름답습니다. 그러나 당신과 마리아가 맺어질 수 있을지는 알 수 없습니다. 지금 마리아는 위험에 처해 있습니다."

마리우스, 마리아의 생명을 구하다

한편 가비오는 요안나의 친척들을 수소문하며 사방으로 마리아 막달레나를 찾아다녔다. 가비오는 마리아를 찾아 헤맸으나 마리아의 행방은 묘연하였다. 마을 원로들은 가비오의 집념에 혀를 둘렀으나 그의 난폭한 성격을 알고 입을 다물었다. 가비오는 티베리아스 왕궁의 헤로디아 왕비가 요안나의 친척이라는 생각은 하지 못하였다.

어느덧 1년이라는 세월이 지났다. 그럼에도 가비오는 마리아를 잊을 수 없었다. 마리아만한 미모와 예지(叡智)를 갖춘 여성은 갈릴래아 전역을 찾아보아도 찾을 수 없었다. 그는 자신이 때를 만나면 무력으로 이스라엘 백성의 고난을 해결할 수 있는 메시아가 될 것이라고 여겼다. 이러한 환상에 젖은 사람들이 이스라엘에서는 끊이지 않았다. 그들에게 있어 폭력은 그들의 분노와 원한을 해결할 유일한 수단이었다. 이들은 살인을 일삼으며 로마 군대뿐 아니라 유대인에게도 헤아릴 수 없는 폐해를 안겼다.

가비오는 마리아가 자신이 가진 허영과 교만함을 떠받쳐줄 여인으로 생각하였다. 그러나 마리아는 가비오의 세속적인 허욕(虛慾)과 환상(幻想)을 뛰어넘는 훨씬 초월적인 여성이었다. 마리아에게는 사람을 끄는 힘이 있었다. 그것이 어떤 남자에게는 육욕의 대상일 수도 있었으나 많은 남자들은 마리아에게 상냥한 성품과 사람의 마음을 끄는 영혼의 울림 같은 것을 발견하고 그녀에게 동화되었다.

왕궁을 나설 때 왕궁 앞 광장에는 어떤 가나안 여인이 아기를 안고서 사람들의 자비를 구하고 있었다. 가나안 여인은 병에 걸린 듯 얼굴이 파리하였고 그녀는 젖이 말라 아기에게 젖을 먹이지도 못했다. 마리아는 타고 가던 나귀에서 내려 가나안 여인에게 다가섰다. 가나안 여인은 어떤 귀부인이 자기에게 다가서는 것을 보고 한편으로는 경계심을 보이면서도 한편으로는 기대감을 갖고 자비를 구하였다. 이 여인은 히브리 남자와 결혼하였으나 버림받았다. 그는 전 남편에게 한 푼도 받지 못하고 집에서 쫓겨났으며, 돈이 없어 가나안 친정으로 돌아가지 못하고 구걸로 하루 하루를 견디었다.

마리아는 여인의 품에 안긴 아기를 유심히 보고서는 아기에게 젖이 필요할 것 같아 주변 사람들에게 부탁하여 양의 젖을 사오도록 시켰다. 가나안 여인은 아기에게 젖 먹일 기운도 없는 듯 초점 잃은 눈으로 간신히 아기를 안고 있었다. 마리아는 가나안 여인에게 어찌하여 그녀가 이와 같은 곤궁한 처지에 빠졌는지 물었다. 가나안 여인은 몇 마디 말로 간신히 자신의 처지를 설명하였다. 주변 사람이 양의 젖을 사오자 마리아는 직접 아기를 가슴에 안고 양의 젖을 조금씩 시간을 두고 먹였다. 이윽고 아기의 눈에서는 생기가 돋았다. 마리아는 그 가나안 여인에게 상당한 돈을 주며 말하였다.

"이 돈으로 건강을 추스르고 가나안에 있는 친정으로 돌아가도록 하세요. 하느님께서 당신을 보호해주시기를 빌겠어요."

여인은 생전에 얼굴도 모르는 귀부인으로부터 아기와 자신의 구원의 은혜를 받자 눈물을 쏟으며 감사하였다.

"아! 이스라엘의 위대하신 하느님께서 귀하신 분을 보내주셔서 저와 애기의 목숨을 구했습니다. 하느님께서 귀하신 분을 축복하시기를 빕니다."

마리아 막달레나의 가난한 이에 대한 연민의 감정은 후일 예수의 제자가 되었을 때, 예수와 영혼의 교감을 이루게 되는 근원이 되었다. 베드로는 선교 여행 시에 오로지 스승의 복음을 전하기 위하여 다음 목적지로 갈 것을 재촉하였으나 마리아는 가난하고 헐벗은 사람들을 만나면 반드시 그들을 돌보고 떠나기를 원하였다. 예수는 산상수훈에서 하느님 사랑을 전하면서 가난한 사람은 행복하다고 하였다. 이는 가난한 자들이 하느님밖에 의지할 곳을 찾지 못하므로 그들의 마음이 곧 하느님께 열려있음을 뜻한다.

왕궁의 경비대장도 마리아를 호위하면서 그녀에게 왕궁 사람들이 가진 허영과 세속적인 욕망을 뛰어넘는 순수한 정의(情意)가 있음을 보았다. 황궁 경비대장은 티베리아스 선창가에서 마리아에게 작별을 고하며, '이스라엘의 하느님께서 그대와 함께 하시며 축복하시기를 빕니다.'고 진심으로 그녀의 앞날을 축복해주었다.

마리아는 티베리아스에서 막달라로 가는 배에 올랐다.

그러나 마리아는 그 배에서 자신의 목숨을 노리는 사건이 일어날 줄은 예상 못한 채 갈릴래아 호수를 내려보고 있었다. 그리고 어머니의 모습을 그려보았다. 그녀는 막달라에서 어머니를 만난 후, 함께 막달라를 떠나 마리우스가 주둔하고 있는 가파르나움으로 가서 정착할 생각을 가지고 있었다.

가비오에게 티베리아스에 있는 요안나의 동생 토비야로부터 연락이 왔다. 가비오는 뜻밖에도 마리아의 소식을 들었다. 토비야는 포도밭이 자신의 명의로 되어 있음에도 그 대가를 왕궁 경비대장에게 협박당하여 마리아에게 줄 수밖에 없었다고 가증스러운 거짓을 말하였다. 마리아의 행방을 알린 이유는 자신이 당한 손실의 절반이라도 찾을 수 있게 해달라는 것이었다. 그러나 이는 거짓이었다. 요안나의 동생 토비야는 포도밭을 그동안 무상으로 경작하여 자신의 사욕을 채웠을 뿐 아니라, 요안나가 어려울 때에도 임차료 한푼 보내준 적이 없었다. 얼마 전 요안나가 죽었음을 친척으로부터 들은 토비야는 포도밭이 이제는 완전히 자신의 소유가 되었다고 생각하였다.

그런데 왕궁 경비대장이 나타나 마리아가 보관하고 있

던 포도밭 문서를 보여주면서 포도밭을 시가대로 매입해줄 것을 요구하였다. 당시 헤로디아의 위세는 하늘을 찌를 듯하였으므로 이 요구를 거절하다가는 어떤 후환이 있을지 두려웠다. 그는 사흘 후 포도밭의 대금을 지불하였으나 자기가 지불하지 않아도 될 돈을 지불한 양 마음아파 하였다. 그리고 가비오에게 연락한 것이다.

배에는 돛대 뒤로 여객이 두세 명 있을 뿐이었다. 마리아는 품에 적잖은 돈을 품었기 때문에 신경이 쓰였으나 아무도 자신이 거금을 지니고 있을 것으로 여기지는 않으리라 생각하였다. 티베리아스에서 막달라까지는 5km 남짓하였으므로 배는 곧 막달라 포구에 닿을 것이고 포구에 내려서는 한적한 어촌길을 통해 곧장 집으로 가면 되리라 생각하였다. 호수에는 이날따라 물안개가 짙게 끼어 있었다. 그리하여 가까운 거리도 안개에 가려서 지척을 분간할 수 없었다.

마리아의 눈에 두건을 깊게 쓴 사람이 들어왔다. 마리아는 불안감이 엄습해오는 것을 느꼈다. 배가 포구를 벗어나서 호수의 한복판에 이르렀을 때였다. 마리아는 그 사람을 피해 배 뒤쪽 갑판으로 떨어져 앉았다. 그러자 마리아는 자신을 부르는 낮은 목소리가 음울하게 들려오는 것을 느꼈다. 그리고 그 목소리는 점점 또렷하게 들려왔다.

"마리아!"

그것은 가비오의 음성이었다. 마리아는 소스라치게 놀라 소리 나는 방향을 응시하였다. 머리 깊이 눌러쓴 두건을 벗어젖힌 그는 분명 가비오였다.

마리아는 침착하였다.

"당신은 가비오군요. 티베리아스에는 무슨 일로 왔나요."

평상심을 잃지 않으려 했으나 말은 떨렸다.

"당신은 나를 배반하고 이스라엘의 하느님을 배신하였소. 당신의 정부(情夫), 로마의 백인대장이 보냈던 편지가 내 손 안에 들어 있소. 그러나 나는 친척회의의 동의를 거쳐 마리아 당신을 나의 배우자로 삼기로 결정하고 당신의 허물을 덮기로 하였소. 그러나 마리아, 당신은 보호자인 나를 배신하고 막달라에서 도망쳤소. 나는 사방으로 당신을 찾았으나 당신이 왕궁에 숨어있을 줄은 몰랐소."

"가비오, 당신은 터무니없는 거짓을 말하는군요. 로마의 백인대장은 나에게 청혼하였으나 나는 허락하지 않았어요. 그러니 그 백인대장과 나는 아무런 관련이 없어요. 왜냐하면 나는 어머니와 살기로 굳게 결심했기 때문이에

요. 어머니와 떨어져서 나는 아무데도 가지 않을 결심을
했기 때문에 로마 장군의 청혼도 뿌리친 거예요. 저는 당
신과도 결혼하지 않겠어요.”

"어머니 때문에 결혼하지 않겠다면 이제는 그럴 필요
없소. 어머니는 이제 이 세상 사람이 아니오.”

마리아는 하늘이 무너져 내리는 느낌, 태양이 아득히 멀
어지는 느낌을 받았다. 어머니! 어머니가 이 세상 사람이
아니라니! 어찌 이런 일이 일어날 수 있을까?

"당신의 말은 믿을 수가 없군요. 목적을 위해서는 수단
방법을 가리지 않는 당신의 말을 믿으란 말인가요?”

"그러나 사실이요. 나는 그날 당신이 막달라를 떠난 것
을 알고 반쯤 정신이 나간 상태였소. 그래서 당신이 어디
로 갔는가를 어머니께 물었지만 어머니는 답을 하지 않
았소. 나는 화가 머리끝까지 치밀어 집과 붙어있는 가축
축사에다 불을 질렀는데 어머니는 집에서 빠져나오지 않
고 질식하여 죽는 쪽을 선택하였소. 아마 당신을 생각하
여 당신이 보다 자유롭게 결혼하기를 바라고 자신을 희생
한 것으로 생각되오. 자 이제 어머니를 보살펴야 한다는
의무, 당신을 옥죄는 사슬도 사라졌소. 이제는 당신의 결
단만 남았소. 나와 결혼해주시오. 이스라엘의 하느님은 다

른 민족을 선택하지 않소. 로마는 이스라엘의 철천지원수일 뿐 아니라 이 땅에서 영원히 사라져야 할 사탄의 제국이요. 나는 당신과 함께 가정을 이루고 다윗 왕가의 재건을 위하여 이스라엘 백성의 앞장에 서서 이들을 이끌 것이오."

"당신은 살인자예요. 하느님은 살인자를 이스라엘을 이끌 영도자로 삼지 않으실 거예요. 저는 예언자를 만났어요. 그분은 하느님은 만 민족을 자신의 무릎 아래 모아들이실 거라고 말씀하셨어요. 저도 어머니를 따라가겠어요. 그러니 당신도 저와의 결혼을 포기하세요."

그리고 마리아는 갑판 위에서 몸을 곧추세워서 물에 뛰어들 자세를 취하였다. 그러자 가비오는 본색을 드러내었다. 그는 이성을 상실하여 단검을 빼어들었다.

"끝내 나를 배신하고 로마의 그 백인대장한테 가겠다는 말이구나. 그러나 호락호락하게 너를 놓아줄 수는 없지. 너를 죽이고 마리아 네가 가진 돈은 앞으로 로마제국을 몰아내는 혁명의 거사자금으로 쓸 것이다. 대의를 위해서 죽는 것이니 슬퍼하지 마라. 내가 로마제국을 몰아내고 거사에 성공한다면 대의를 위해 죽었다고 유대 역사서에 기록해 주겠다."

가비오는 시카리의 잔인한 본색을 드러내었다. 마리아는 한 걸음 뒤로 물러났다. 가비오는 마리아 쪽으로 한 걸음을 떼었다. 불과 10암마에 불과할 정도로 거리는 가까워졌다. 마리아는 속으로 하느님께 외쳤다. '하느님, 저를 구해주세요!' 마리아는 절대절명의 위험에 처했다. 배는 호수 한 가운데에 외따로 짙은 안개에 쌓여 있었으며 상대는 살인과 폭력을 저지르는 시카리였다. 그러나 그 순간 하느님이 마리아의 외침을 듣고 이에 응답하셨다.

그때 짙은 물안개 속에서 한 척의 배가 희미하게 모습을 드러내었다. 그리고 어둠 속에서 화살 한 대가 '쉬잇' 날카로운 소리를 내며 공기를 갈랐다. 화살은 정확하게 가비오의 가슴 한가운데 명중하였다. 가비오는 '으악' 하는 비명과 함께 물속으로 거꾸로 처박혔다. 그의 죽음과 함께 이스라엘을 구하겠다는 또 하나의 시카리의 혁명의 꿈도 물속으로 처박혔다. 짙은 안개 속에서 화살을 쏘았던 배가 또렷이 모습을 드러내었다.

"마리우스!"

마리아가 외쳤다. 예언자 예수는 마리우스가 마리아를 사랑한다는 고백을 듣고 마리아 막달레나가 위험에 빠져 있다는 사실을 가르쳐주어 마리우스로 하여금 마리아를 구출케 하였다. 하느님의 대리자이신 예수가 하느님의 자비를 구한 인간의 청에 대해 하느님의 응답을 몸소 보여준 것이다. 마리우스는 꿈에도 잊지 못하던 마리아를 다시 만났다. 마리우스는 마리아를 힘차게 포옹하고 언제까지나 떨어질 줄 몰랐다. 마리아는 어떻게 마리우스가 자기에게 처한 위험을 알고 자신의 목숨을 구하기 위해 이곳으로 왔는지 궁금했다.

"이스라엘의 메시아, 예언자이신 예수님께서 당신이 막달라로 향하는 배 위에서 위험에 처할 것이라고 가르쳐주셨습니다. 그분은 죽은 사람의 생명을 살리시는 하느님의 대리자이신 분입니다. 갈릴래아에서 죽어가는 아이를 살리셨고 저의 종을 낫게 하셨어요."

"오늘 제가 죽음의 위험을 면하고 살아서 당신을 보게 하셨으니 놀라운 주님의 은총이군요."

"마리아 당신을 다시 만났으니 이제 다시는 당신과 헤어지지 않겠소. 나와 같이 가파르나움으로 갑시다."

"저는 지금 가파르나움으로 갈 수 없어요. 먼저 어머니의 무덤을 살펴봐야 해요. 어머니의 무덤을 먼저 살핀 뒤 집을 정리하고 가파르나움으로 가겠어요."

"그건 안 될 말이요. 당신은 지금 거액의 돈을 갖고 있을 뿐더러 당신의 친척들이 유산을 노리고 당신을 해할 우려가 있소. 여자는 유산을 갖지 못하게 되어 있으므로 당신 친척들이 당신의 보호자 명목으로 당신이 지닌 유산을 사취(詐取)하려 할 것이오."

"그러면 우선 포도밭을 판 이 돈을 당신이 가지고 있어요. 나는 얼마간의 생활비를 가지고서 막달라로 가겠어요."

마리우스는 어머니에 대한 효성이 지극한 마리아임을 알기 때문에 가파르나움에서 곧 만날 것을 약속하고 마리아 막달레나를 배웅한 뒤 가파르나움으로 돌아갔다.

예수, 열심당원 유다 이스카리옷을 나무라다

유다 이스카리옷은 오늘도 예수 앞에서 불평을 늘어놓
았다.

"스승님, 스승님은 유다를 구해주실 구세주이시고 유다
백성들의 희망이십니다. 그들은 의사 없이 힘없이 죽어갈
운명에 처한 미천하고 가난한 사람들이었는데 스승님을
만나 병을 치유하고 고통에서 해방되었습니다. 그러나 저
는 스승님이 다윗의 자손이시며 유다의 예언자로서 너무
홀대를 받고 있다고 생각합니다. 오늘 아침 스승님은 거
친 빵 두 조각과 물로 간신히 요기하신 후 아직 점심도 드

시지 못했습니다. 스승님의 건강이 좋으셔야 이들 이스라엘의 길 잃은 양들도 한껏 용기백배하여 스승님을 따르지 않겠습니까? 그리하여 다윗의 자손인 스승님께서 악의 세력을 이 땅에서 몰아내신 후 하느님 나라의 영광된 자리에 오르실 때 유다 백성들에게서 찬미가가 울려 퍼지게 해야 합니다. 스승님은 메시아로서 유다의 왕에 합당한 대우를 받으셔야 합니다."

예수는 말없이 눈을 들어 유다를 그의 맑고 그윽한 눈으로 바라보았다. 이 철없는 제자는 언제나 나의 뜻을 깨달을 수 있을까 하는 안타까움이 그의 눈에 배어있었다.

"유다야, 너는 지금까지 나와 함께 있으면서 아직도 깨닫지 못하느냐. 나는 섬기기 위하여 세상에 온 것이지, 섬김을 받기 위하여 온 것이 아니다. 그리고 너는 하느님의 나라를 잘못 알고 있구나. 하느님의 나라는 누구를 몰아내고 어느 누구를 배척해서 이루어지는 나라가 아니란다. 사랑으로 모두가 한마음 한뜻이 되는 나라, 이사야 예언자가 말했듯이 칼을 쳐서 보습을 만들고 창을 쳐서 낫을 만드는 나라, 한 민족이 다른 민족을 거슬러 칼을 쳐들지도 않고 다시는 전쟁을 배워 익히지 않는 나라이다. 하느님께서 민족들 사이에 재판관이 되시고 수많은 백성들 사이에 심판관이 되실 것이다. 하느님 나라는 미래에 다가올 나라가 아니고 우리 가운에 이미 와 있는 나라이다. 하느님께서 내 안에 계시고 내가 너희들과 더불어 있으니 우리는 이미 하느님 나라에 다가선 것이다. 하느님 나라는 우리 각자가 하느님을 내 안에 모시고 있을 때 완성되는 나라이다.

유다야, 너는 아직도 현세적인 허욕(虛慾)과 명예욕을 버리지 못하고 있구나. 내가 걷는 길은 이 세상에서 권세를 취하고 이름을 드높이며 꽃이 만발한 영광의 길이 아니다. 영광과 고통은 사물의 양면이다. 아버지께서는 옹기장이처럼 천금의 값비싼 도자기 같은 사람을 빚어내기도 하고 막그릇처럼 사람을 비천하게 빚어내기도 하신다. 그러나 기억하여라. 아름다운 도자기는 수천도의 뜨거운 열에서 장시간 구워 빚어내는 것이다. 사람도 이와 같다. 고통과 시련을 감내하지 않고서는 하느님의 진정한 자녀가 되지 못하는 법이다. 사람의 아들도 무한한 모욕과 수난, 죽음을 겪은 후, 영광된 모습으로 다시 살아날 것이다.”

유다는 무언가 만족스럽지 않은 듯 불만 섞인 표정으로 예수의 나무람을 듣고 있었다. 그리고 이해할 수 없다는 표정으로 예수님을 바라보았다. 예수는 수많은 치유의 기적과 사람의 마음을 어루만져주는 설교로 이스라엘 백성의 환심을 얻었다. 이 백성을 추종자로 거느리고 로마를 상대로 싸운다면 얼마 안 있어 로마 군대는 물러가고 예수는 찬란한 왕관을 쓰고 영광스러운 다윗 왕국을 재건할 것이다. 그리고 자신은 호화스러운 왕궁을 들락거리며 재건된 유다 왕국의 개국공신으로서 영화를 누릴 것이다.

그런데 예수는 그 기적을 왜 로마인을 상대로 쓰지 않는가? 왜 로마의 창칼 아래에 히브리인은 굴종과 모욕을 당하고 있는가? 이를 생각하며 유다는 못마땅한 얼굴이 되어 예수를 바라보았다. 그는 아직도 열심당원으로서 은밀하게 활동하고 있었다.

마리아, 예수를 다시 만나다

　예수는 마리아 막달레나를 다시 만났다. 마리아는 예수님의 발치에서 무릎을 꿇고 눈물을 흘렸다. 가비오의 마수에 걸려 마리아의 생명이 경각에 처했을 때 이 예언자는 마리아가 꿈에도 그리워하던 마리우스로 하여금 생명을 구하게 하였다. 예수는 자애로운 눈으로 마리아를 내려다보며 마리아를 붙잡아 일으켜 세웠다.

　"마리아야! 이제부터 나의 제자가 되어 나와 함께 가야 한단다."

　"주님! 저는 아직 주님의 제자가 되기에는 부족합니다."

"마리아야! 네가 우물가에서 나를 만나던 때를 기억하느냐? 나는 우물가에서 너에게 물을 청하였고 너는 친절하게도 두레박으로 물을 길어 그릇에 담아 나에게 건넸다. 그때 나는 한번 마시면 속에서 끊임없이 솟구쳐 나오는 영원한 생명의 물을 너에게 약속하였다. 이제부터 내면에서 끊임없이 흐르는 생명의 물을 내가 주는 진리의 말씀을 통해 받게 될 것이다. 나는 길이요 진리요 생명이니 나를 따르는 사람은 죽어도 영원히 살 것이고 살아서는 영원에 이르는 기쁨을 맛볼 것이다. 메시아는 이스라엘 백성을 구원하기 위하여 왔으나 추수할 것에 비하여 일꾼들은 적다. 너는 진리를 이해함에 있어 남자들보다 훨씬 영특한 지혜를 가졌다."

"주님, 저는 마리우스와 한 약속을 모른 척할 수는 없습니다. 저는 마리우스를 영영 못 잊을 겁니다."

"마리아야, 너는 아직 육신의 인연에 집착하는구나. 인간은 영혼과 육신으로 결합되어 있으므로 육신이 모든 죄악의 근원이 된다는 생각도 옳지는 않다. 영혼의 선함을 실천하는 것도 육신이 하는 일이 아니냐. 그러나 너에게는 어떤 초월적인 운명이 지어져 있다. 너의 사명은 육신의 인연보다 훨씬 위대한 곳에 있다. 네가 이 운명을 거부하는 한 너의 세속 생활에는 헤아릴 수 없는 위험이 따를 것이다. 너의 친척들이 아직도 너를 로마에게 영혼을 판 여자로 오해하고 있으며 티베리아스의 친척이 너의 재산을 노리고 있다."

"주님은 제가 육신의 인연에 집착한다고 하셨습니다. 그럼에도 저는 마리우스를 잊을 수 없습니다. 마리우스는 저의 생명의 은인이고 저 역시 마리우스를 몸과 마음을 다해서 사랑합니다. 주님께서도 그가 비록 이방인이지만 그와의 사랑을 축복해주셨습니다. 그리고 저는 할 일이 있습니다. 조상 아브라함의 시신이 헤브론의 막펠라 동굴에 안장되었듯이 어머니의 무덤도 성조(聖祖)들의 무덤처럼 막달라 인근의 넓은 동굴 속에 안장하고 싶습니다."

"마리아야! 너의 마리우스를 향한 인연과 집착도 모두 아버지의 섭리 안에서 해결될 것이다."

마리아, 다시 재생의 은총을 입다

마리아는 어머니 요안나의 초라한 무덤 앞에 눈물을 흘리며 서 있었다. 자신의 삶에서 어머니의 존재가 얼마나 큰 영향을 끼쳤던가! 마리아는 어머니의 영혼이 하늘나라에서 내려다보고 마리아를 위하여 기도하고 있는 듯 느껴졌다. 마리아는 인부를 사서 어머니의 무덤을 막달라 인근의 동굴로 이장하였다.

마리아가 막달라로 돌아온 지 일주일이라는 시간이 흘렀다. 그는 모든 일을 요안나의 친척에게 알리지 않고 처리하였다. 막달라 집의 가축의 축사는 불에 탔으나 집의 일부는 아직 남아 있었으므로 이를 숙소로 썼다. 하루는 마리아가 어머니 묘지에서 돌아와 보니 뜰이 파헤쳐져 있었다. 가축 축사에는 겨울 동안 먹을 양고기를 훈제하여 말린 후 토기 안에 보관하여 땅에 묻어두는 공간이 있었는데 그것마저도 전부 파헤쳐져 있었다. 순간 마리아는 외삼촌이라는 사람의 탐욕스러운 모습이 떠올라 온몸이 돌처럼 굳어지는 것이 느껴졌다. '아! 정말 사람의 탐욕이라는 것은 끝이 없구나.' 마리아는 생각이 이에 미치자 몸이 사시나무처럼 떨렸다.

해가 지고 날이 어두워졌을 때 횃불을 든 한 떼의 남자들이 마리아의 집을 에워쌌다. 그들은 마을 원로회의에서 보낸 사람들이었다. 그리고 마리아가 그 집을 떠나지 못하도록 막은 다음 마을의 재판에 부친다고 마리아에게 통지하였다.

마리아의 외삼촌 토비야는 마리아를 회유하였다.

"지금이라도 티베리아스의 포도밭을 판 대금을 내어 놓는다면 너를 풀어주겠다."

마리아는 아무런 힘이 없었으나 옳고 그른 것을 가르는 명쾌한 논리로 말하였다.

"아브라함의 하느님께서 살아 계시는 한 저는 아무런

185

잘못이 없습니다. 그 땅은 조상 대대로 내려온 어머니 가문의 재산입니다. 외할아버지께서는 성실하신 아버지를 특별히 애지중지하셔서 그 포도밭을 내어주신 것입니다. 외삼촌께서는 자기 몫의 포도밭을 가지고서도 어찌 남의 몫마저 탐을 내시는 것입니까?"

"이스라엘의 딸들은 상속재산을 가질 수 없다는 것을 너는 알고 있겠지."

"어찌하여 외삼촌께서는 저를 속이려 하십니까? 민수기에서는 이스라엘의 딸들에게 분명히 상속할 수 있다고 밝혔습니다.[31] 다만 여자가 다른 지파에게 시집갈 경우 한 지파의 상속재산이 다른 지파의 상속재산으로 넘어가므로 상속을 금하였습니다. 그러나 어머니는 분명 같은 벤야민 지파의 아버지와 결혼하였기 때문에 외할아버지로부터 적법하게 상속받은 것입니다."

요안나의 동생, 토비야는 마리아가 이스라엘의 역사가 기록된 모세5경을 기억하고 있음을 알고 놀랐다. 그러나 그의 탐욕은 곧 그의 놀라움을 덮어버렸다.

"너는 로마 군인과 결탁하여 갈릴래아의 애국자를 죽였

---

31   민수기 36장 여자 상속인의 재산

다. 이는 이스라엘에 대한 반역행위다."

"어찌하여 외삼촌은 사건의 자초지종을 알아보려고 하지 않고 남의 말만 듣고 판단하십니까? 가비오는 돈에 눈이 멀어 나를 단검으로 찌르고 돈을 탈취하려고 했습니다. 마침 순찰 중이던 로마의 순시선이 발견하고 살인이 일어나기 전에 저의 재산과 생명을 보호해준 것입니다."

비록 마리아가 아무리 논리적이고 법규적으로 옳은 말을 해도 여자의 증언은 법정에서 채택되지 않으므로 아무런 변호능력이 없었다. 여자에게 있어 유다 사회는 야만의 사회였다.

이튿날 마을 원로회의에서 마리아에 대한 재판이 열렸다. 이들은 헤로데 안티파스 왕가와 로마에 대한 증오심과 편견으로 가득 찬 사람들이었다. 마리아는 훌륭한 논리로 자기를 방어하였으나 아무도 마리아 편에 서서 마리아를 변호해 줄 남자는 없었다. 마리아의 죄는 원래 토비야에게 귀속되는 포도밭을 왕족의 위세를 빌려 무단으로 탈취하여 비싸게 팔아 이득을 챙겼고, 또 한 가지는 갈릴래아의 전사 가비오를 로마인과 내통하여 죽음에 이르게 했다는 것이었다.

마리아는 요안나가 유언처럼 한 말이 떠올랐다. '위대한 분의 힘이 너를 지켜주실 것이다.' 그러나 이제 그 말은 한갓 아득한 소리로 들렸다. 점점 죽음이 현실로 다가오고 있었다. 증오심과 분노로 점철된 그들의 인생은 그냥 자신들의 분노를 삭여줄 희생양을 찾고 있었다. 드디어 사회를 보던 원로 재판관이 마지막으로 발언하였다.

"이제 더 이상 의견이 없으시면 판결을 내리기로 하겠습니다."

투석형은 이스라엘에서 가장 흔한, 사적이면서도 공적인 형벌이었다. 헤아릴 수 없는 여성이 투석형으로 죽음을 당하였다. 그리고 또 한 명의 여인이 이 세상에서 사라질 운명에 처해 있다.

"마지막 의견이 있소이다."

그때 뒤에서 어떤 남자의 목소리가 들려왔다. 마리아는 누가 최종 의견을 말하고자 하는지 알아차렸다.

"티베리아스의 남자는 거짓말을 하고 있습니다. 그 포도밭은 피고의 어머니가 이스라엘의 율법에 의하여 적법하게 상속받은 것입니다. 포도밭은 적법하게 시세대로 매각되었고 그 매각대금을 가비오라는 열심당원이 티베리우스 호숫가에서 갈취하려다가 로마의 순시선에 의하여 적발되어 사살된 것입니다. 또한 고발한 티베리아스의 남자는 전에 소작인의 딸을 성문 밖 포도밭에서 강제로 간음을 하고 소작인에게 은 열 세겔을 주어 입막음을 한 적이 있습니다. 여자가 성문 밖 들에서 강제로 간음을 당했을 경우 소리를 질러도 아무도 들어주는 사람이 없기 때문에 여자는 책임이 없음을 모세의 율법 신명기에서 정하고 있습니다.[32] 그러나 소작인은 그 규정을 알지 못했으므로 약혼 중에 있는 딸이 간음으로 인해 투석형을 당할 것으로 생각하고 돈을 받고 입을 닫고 말았습니다. 그리고 그 불쌍한 소작인의 딸은 사건 이후 은밀히 혼인을 파기당하고 지금껏 혼인을 못하고 있습니다. 티베리아스의 남자는 약혼 중에 있는 여성을 강제로 욕보였으므로 투석형을 당해야 하고 그의 고발은 무효로 처리해야 합니다."

사람들이 증언자를 쳐다보았다. 그는 갈릴래아 사람들이 예언자로 존경하는 예수였다.

원로 재판관은 한 사람의 증인이 더 필요하다고 했다.[33] 그러자 예언자 옆에 있던 초라한 옷차림의 남자가 일어났다.

---

32   신명기 22, 25-26
33   신명기 19, 15 증인에 관한 규정

"제가 바로 그 소작인입니다. 그리고 여기 그가 나에게 준 은 10세겔이 있습니다. 저는 딸이 한 맺힌 삶을 살고 있음이 가슴 아파 딸이 죽지 않을까 염려되었습니다. 그래서 저는 딸이 죽을 경우를 대비하여 범인을 고발하기 위하여 은 10세겔을 증거로 보관하였습니다. 이제 저는 이스라엘의 예언자께서 말씀해주셔서 저의 딸이 성읍 밖 들에서 강제로 욕을 당했으므로 죄가 없다는 것을 알았습니다. 저는 포도밭 주인을 제 딸을 강간한 죄로 고발합니다."

마리아의 외삼촌은 혼비백산하여 무어라고 자신을 변호하고자 하였으나 그 말은 뇌 속에서만 웅웅거리는 소리가 되어 밖으로 나오지 못하고 말았다. 악인은 이리하여 쏟아지는 돌 속에 사악하고 탐욕스러운 일생을 마감하고 말았다.

마리아는 또다시 재생의 은혜를 입었다. 마리아는 진정 그가 메시아요 영원한 생명을 주는 구세주임을 깨닫고 그의 발 아래 엎드려 눈물로 그의 발을 적셨다. 마리아는 자신이 생의 인연에 집착하였음을 뉘우쳤다. 마리아는 주님의 은총이 무한함을 깨닫고 그의 제자가 되기로 마음먹었다.

제4부

예수, 마리아를
제자로 삼다

예수께서 제자들을 가르치다

예수, 사랑으로 가득한 마음만이 하느님의 성전이라고 말하다.

"하느님께 대한 예배는 하느님에 대한 사랑인데 사랑은 마음속에 있는 것이지, 아름다운 돌과 값진 나무 속에 있는 것이 아닙니다. 하느님께서는 마음의 성전을 원하십니다. 지극히 높으신 분께서는 사람의 손으로 지은 집에는 살지 않으십니다."

(사도행전 17, 24)

예수, 거짓과 탐욕의 소굴이 되어버린 성전을 정화하다.

"아버지의 집은 기도의 집이라 불리어져야 한다. 그런데 너희는 강도의 소굴로 만들었다."

(마태오복음 21, 13)

성모 마리아, 마리아 막달레나를 딸로 삼다

성모 마리아가 일행들과 함께 예수를 수행하고 있었다. 성모 마리아는 마리아 막달레나에게 지극히 겸손하고 자애로운 눈길을 보내며 말하였다.

"모든 것은 사랑만이 해결할 것이다. 마리아야, 너의 어머니에 대한 지극한 사랑을 들었으며, 최근에 사랑하는 어머니를 여의고 슬퍼한다는 소식도 들었다. 부디 나를 어머니처럼 대해다오. 그리고 네가 이방인 청년을 사랑한다는 것도 잘 알고 있다. 그러나 너의 사랑은 더 큰 사랑, 더 거룩한 사랑으로 승화될 것이다. 내 아들 예수는 어머니에 대한 사랑, 일가 친척 동기간의 사랑보다 더 큰 사랑을 실천하기 위하여 요르단 강 일대, 갈릴래아 일대를 돌아다녔다. 세상 사람들이 언젠가 내 아들 예수의 깊은 뜻을 알고 그를 구세주로 고백하는 날이 올 것이다. 그때 마리아 너도 메시아의 뜻을 세상에 널리 전한 사도로 이름이 오를 것이다."

"어머니, 저는 스승님의 뜻을 세상에 전하기에는 세속에 대한 집착이 너무나 크고 연인에 대한 미련이 너무 컸습니다. 스승님은 저를 이 세상의 심연(深淵)에서 구하기 위하여 두 번씩이나 죽음의 깊은 늪에서 건져 올리셨습니다. 스승님은 너무나 거룩하시기 때문에 저는 스승님과 영혼이 일치하여 그의 가르침을 온전히 전할 수 없을 것이라는 생각에서 두렵습니다."

"마리아야, 너는 이미 세속과 마귀와 육신의 싸움에서 승리하였다. 너의 영혼은 한없이 맑으며 고귀하다. 너의 영혼이 굳건하면 그 어느 것도 두려워할 것이 없다. 하늘 나라에 있는 영혼은 사탄이 와서 흠집을 낼 수 없다. 너의 영혼은 지극히 거룩하신 분의 보호를 받고 있으므로 하늘 나라에 있는 영혼과 다를 바 없단다. 나를 믿고 따르거라!"

"저는 너무나 부족합니다. 어머니, 제가 어떻게 주님의 사도가 될 수 있겠습니까?"

"아니다, 마리아! 지금 예수의 제자들을 보아라. 그들은 모세의 율법을 배운 적도 없는 어부나 열심당원, 세리가 아니냐. 너는 매우 총명하며 지혜롭고 율법도 배운 적이 있지 않느냐? 다만 율법은 하느님에 대한 사랑, 인간에 대한 사랑에 의해 완성되는 것이다."

마리아는 자신이 사도가 될 자격이 없다고 여겼으나 후일 그는 '사도중의 사도'로 추앙받게 된다.

간음하다 붙잡힌 여자

예수는 베타니아 인근 올리브 산에 갔다. 전승에 의하면 예수는 올리브 산에서 제자들을 가르쳤다. 그리고 베타니아에서 일흔 두 제자를 파견하였고 마르타와 그의 동생 베타니아의 마리아를 만났다. 또한 주님의 기도를 가르친 곳도 베타니아이다. 요한복음에 의하면 그는 예루살렘을 세 번 방문하였고 두 번째 예루살렘 방문 시 예루살렘 인근 베타니아에서 여러 가지 사건이 일어났다.

이른 아침에 예수는 올리브 산에 올랐다가 백성에게 복음을 전하기 위하여 다시 예루살렘 성전으로 돌아왔다.

그때에 율법학자들과 바리사이들이 한 여인이 간음하다 붙잡혔다고 주장하면서 그 여인을 끌고 와 가운데 세워 놓고 예수께 말하였다. 만약 예수가 여인을 불쌍히 여겨 풀어주라고 하면 모세의 율법을 어긴 것으로 고발할 구실을 만들려는 속셈이다.

"스승님, 이 여자는 남자의 집 뜰에서 간음하다 현장에서 붙잡혔습니다. 모세는 율법에서 이런 여자에게 돌을 던져 죽이라고 우리에게 명령하였습니다. 스승님의 생각은 어떠십니까? 이 여자는 신성한 결혼을 더럽혔으며 하느님을 모독했습니다."

예수는 진흙 위에다 글씨를 썼다. 거기에는 다음과 같이 씌어 있었다.

"지금 그대들은 무슨 증거를 가지고 여자의 간음 현장을 잡았다고 주장하는가? 다니엘 예언자의 변론을 예언서에서 읽지 못하였는가? 남자의 집 뜰 어느 나무 아래에서 현장을 잡았는가? 이에 대하여 명료히 증거를 대지 못하면 그대들이 오히려 죽음을 당할 수 있음을 생각하시오."

예수가 이야기한 다니엘 예언서에는 어떤 내용이 있었던가? 이는 다니엘 예언자가 수산나라고 하는 무고한 여

인을 구한 이야기를 우리에게 들려주고 있다.[34]

    바빌론에 요아킴이라는 사람이 살고 있었다. 그에게는 수산나라는 아내가 있었는데 수산나는 매우 아름다웠고 하느님을 경외하는 여인이었다. 어느 날 수산나는 정원 문을 닫아걸고 목욕하고 있었다. 수산나에게 음욕을 품은 두 원로 재판관이 정원에 숨어들어 수산나를 엿보았다. 그곳에는 두 명의 원로를 제외하고 아무도 없었다. 그들은 수산나에게 접근하여 말하였다.

    "만약 우리의 요구에 응하지 않으면 당신이 어떤 젊은이와 간음하였다고 우리 둘이 증언하겠소."

    수산나는 완전히 함정에 빠졌다고 생각하고 정절을 잃느니 차라리 죽음을 택하겠다고 생각하여 소리를 크게 질렀다. 두 원로 재판관은 달아났다. 두 명의 사악한 재판관은 수산나를 고발하였고 이 둘의 증언에 의하여 수산나는 투석형에 처해지게 되었다. 수산나는 마지막으로 하느님께 자신의 무고함을 호소하며 구해주실 것을 애원하였다. 주님께서 수산나의 소리를 듣고 다니엘이라는 젊은 사람의

---

34   다니엘서 13장

영을 깨우셨다.

다니엘은 재판에 간여하여 그들 가운데 서서 말하였다.

"이 자들은 거짓 증언을 하였습니다. 이스라엘 자손 여러분, 어찌 진실을 알아보지 않고 이스라엘의 딸에게 유죄 판결을 내릴 수 있습니까?"

그런 다음 다니엘은 두 원로 재판관을 따로 떼어놓은 다음 심문하였다.

"관계하는 그들을 어느 나무 아래에서 붙잡았는지 나에게 말해보시오."

한 명은 떡갈나무라고 답하고 다른 한 명은 유향나무 밑에서라고 답하였다. 이들은 이스라엘의 딸들을 수없이 이런 방식으로 겁탈해 온 것이 드러났다. 다니엘 예언자는 하느님의 천사가 이 두 재판관을 둘로 잘라버리려고 기다리고 있다고 말하였다. 이 두 원로 재판관은 사형을 당하였다.

이스라엘의 여인들은 야만의 시대를 살고 있었다. 여자가 남자의 요구에 응하지 않았을 경우 그들은 무고함에도 불구하고 다른 남자와 간음한 혐의로 처벌되는 경우가 많았다.

예수는 고개를 들어 율법학자들과 바라사이들을 바라보았다. 예수의 눈빛이 예사롭지 않았다. 바라사이들은 자신들이 종교적 지도자의 위치에 있음을 좋은 기회로 삼아 그동안 여인들을 농락해온 적이 한두 번이 아니었다. 그리고 예언자 예수는 이런 사실을 잘 알고 있었다. 그들은 다니엘 예언서에서 두 원로가 재판관의 지위에 있음을 기화로 적지 않은 이스라엘 딸들을 농락하다가 결국은 다니엘 예언자의 지혜로 이 같은 사실이 탄로 나서 죽음을 당한 사실을 기억하였다. 이 같은 사실은 예수의 시대인 현금(現今)에 있어서도 별반 달라지지 않았다. 그들 율법학자들과 바리사이들은 재판관의 지위를 기회로 수많은 여인들을 위협하고 사적 음욕을 채우고 있었다.

예수는 큰 소리로 율법학자들과 바라사이들에게 말했다.

"그대들 중 스스로 결백하다고 생각하는 사람만이 돌을 들어 저 여인을 치시오."

그 목소리는 벼락 치는 소리가 되어 그들의 폐부를 찔렀다. 예수는 분명 군중에게 투석형을 그만두라고 말하지 않았다. 누구든지 죄없는 자만이 저 여인에게 돌을 던지라고 하였다. 여인을 고발한 바리사이 역시 실제로 간음한 현장을 보지 않았다. 그러자 율법학자들과 바리사이들

은 하나 둘 사라지고 그 자리에는 여인과 예수 둘만이 남
았다.

베타니아의 마리아, 바리사이 시몬의 집에서
눈물로 예수의 발을 씻다

　예수가 예루살렘으로 내려갈 때는 예루살렘 인근에 있는 베타니아의 라자로 집에 머물렀다. 라자로는 하느님을 경외하며 어릴 때부터 고아로 자라 온 그의 여동생 마르타와 마리아를 지극한 정성으로 돌보았다. 굶주림과 추위는 항시 세 남매를 괴롭혔다. 또한 마르타와 마리아는 예수를 사랑했으며 그를 매우 따랐다. 그들은 자라면서 헤아릴 수 없는 멸시와 냉대를 받았으며 특히 그들은 자존(自尊)과 사랑에 굶주렸다. 예수는 그들에게 사랑받는 하느님의 자녀라고 가르치며 따뜻한 말로 그들을 위로하였다.

마르타는 오빠 라자로와 함께 언제나 동생 베타니아의 마리아를 걱정하였다. 베타니아에 도착한 예수는 마르타를 맞이하여 그가 눈물을 흘리는 것을 보게 되었다. 마리아는 어린 시절 받았던 멸시와 냉대에 대한 보상심리로 남자들의 친절을 거부하지 않았다. 마리아는 그녀의 아름다운 용모를 탐하고 주위에 몰려드는 남자의 유혹을 이겨내지 못하고 죄악을 저지르는 경우도 생겨났다.

"주님, 저는 마리아가 걱정되어 견딜 수 없습니다. 자칫하면 사악한 율법 교사나 바리사이에게 걸려들어 간음한 여인으로 고발될까 두렵습니다. 주님, 저의 동생 마리아를 도와주십시오!"

"마르타야, 걱정하지 말아라. 아버지께서는 모든 것을 원만하게 해결해 주실 것이다."

이러한 마르타의 걱정은 현실이 되었다. 마리아는 한 바리사이에 의해 남자와 같이 있었다는 이유만으로 간음한 것으로 인정되어 투석형으로 죽을 위기에 처했다. 베타니아의 마리아는 투석형에 처해질 절대절명의 위기에 직면하였으나 예수의 출현으로 구명(救命)의 은총을 입었다.

하루는 베타니아에 살고 있는 시몬이라는 바리사이가

예수를 자기 집에 초대하였다. 그는 나병을 앓고 있었는데 예수로부터 치유의 기적을 바라고 식사에 초대하였다. 시몬의 성정(性情)은 교만하였고 그의 가슴은 차가웠으며 사랑이라고는 찾아볼 수 없었다. 예수의 모든 제자들도 같이 초대되었으며 거기에는 마리아 막달레나와 베타니아의 마리아도 있었다.

베타니아의 마리아는 예수와 떨어져서 자리 잡았으나 예수는 그를 자기 자리로 불렀다. 그러자 바리사이 시몬이 마리아에게 '감히 네가' 하는 눈치를 보이며 예수께 말하였다.

"스승님, 이 여인은 죄인입니다. 그가 자신이 죄인인 줄 알고 있으면서 어찌 스승님과 자리를 같이 할 수 있습니까?"

예수는 시몬을 똑바로 쳐다보며 물었다.

"누가 이 여인을 죄인이라 비난할 수 있단 말입니까? 하느님 아버지만이 사람을 심판할 수 있습니다. 누가 당신에게 판관의 자리를 주었습니까? 누가 당신에게 예언자의 자리를 맡겼습니까?"

그리고 베타니아의 마리아로 하여금 가까이 오게 하였다. 그가 예수의 자리로 왔을 때 마리아는 그동안 죄인으로 낙인찍혀 헤아릴 수 없이 가해진 학대와 멸시로 인한 설움이 북받쳐 하염없이 눈물을 흘렸다. 베타니아의 마리아는 눈물로 예수의 발을 적시고 자신의 머리카락으로 닦았다. 그런 다음 예수의 발에 입을 맞추고 향유를 발랐다. 예수는 베타니아의 마리아를 한없이 자애로운 표정으로 내려다보면서 말없이 그녀의 머리를 쓰다듬었다.

시몬은 예수를 가슴 속으로 못마땅한 듯이 바라보았다. 예수가 시몬에게 다시 말을 건넸다.

"시몬, 당신에게 할 말이 있습니다."

"말씀하십시오, 스승님."

"어느 대금업자에게 두 명이 빚을 졌습니다. 한 사람은 500데나리온을 빚졌고 한 사람은 50데나리온을 빚졌습니다. 그들은 둘 다 갚을 길이 없었으므로 채권자는 그들의 빚을 탕감해 주었습니다. 그들 중 누가 채권자를 더욱 사랑하겠습니까?"

"보다 큰 부채를 탕감 받은 사람입니다."

"옳게 판단하였습니다."

예수가 이렇게 말한 뒤 베타니아의 마리아에게 다음과 같이 말하였다.

"너는 이처럼 큰 사랑을 나에게 보였다. 그리고 너의 죄도 모두 용서받았다. 너의 사랑이 너를 구원한 것이다."

예수, 가파르나움에 다시 오다

가파르나움에 예수의 일행이 도착했을 때 분홍 꽃들이
호숫가를 장식하고 있었다. 회당장 야이로가 와서 예수를
뵙기를 청하였다. 예수는 회당장 야이로의 딸을 전에 살
린 바 있었다. 야이로는 예수께 다가와 로마의 백인대장
에 대하여 말하였다.

"백인대장 마리우스라는 분이 자기는 주님을 믿는 사람
이라면서 마리아 막달레나라는 주님을 따르는 여인의 돈
을 맡아서 자기가 보관하고 있었다고 했습니다. 그는 총
독부의 예루살렘 성전 경비대로 갑자기 전출되어 맡아두

었던 돈을 그녀에게 돌려주라고 제게 부탁하고 떠났습니다. 로마의 백인대장은 회당을 다시 짓는 일에 발 벗고 나서서 도와주는 등 유다 공동체를 위하여 참으로 고마운 일을 많이 해주신 분이었습니다."

마리아는 돈을 받으면서 새삼 마리우스의 정직함과 겸손함이 생각났다. 마리아는 대리석 조각 같은 그의 얼굴이 떠오르면서 그가 다시금 그리워졌다.

한편 마리우스는 마리아 막달레나를 기다렸으나 곧장 가파르나움으로 오기로 한 마리아로부터 보름이 넘도록 소식이 없었다. 그 후 마리우스는 마리아가 예수의 제자가 되어 예수의 전도 여행에 동행하고 있음을 알았다. 마리우스는 속으로 마리아가 세속과의 인연을 끊은 것은 아닌지 걱정이 되었다. 예수의 제자들은 어부나 세리, 열심당원 모두가 오로지 예수만을 따르는 사람들이었다. 다만 유다 이스카리옷을 빼고는 말이다.

마리아와 헤어진 후 한 달쯤 되었을 때 마리우스는 예루살렘으로 전출되었다. 로마는 유대 종교의 중요성을 잘 알고 있었다. 유대인을 통제하기 위해서는 성전을 통제해야 했다. 성전을 모독하거나 잘못 건드리면 폭동이 나는 것도 경험으로 알고 있었다. 그리하여 유대인에게 호의적인 마리우스를 성전 경비대의 로마군 책임자로 부른 것이다. 대사제가 관할하는 성전 경비대는 따로 있었다.

일반적으로 로마인들은 유대 종교에 관용적이었고 그들의 제사를 방해하지 않았다. 로마가 점령한 지역의 모든 종교에는 황제 숭배의 의무가 주어졌으나 유대인들에게는 이런 의무마저 면제되었다. 마리우스가 떠나면서 편지를 남기지 않았음은 만에 하나 저번처럼 반로마 유대 사람의 손에 들어갔을 때 마리아가 곤경에 처해질 것을 염려했기 때문이었다.

예수, 십계명을 가르치다

예수는 이날도 가파르나움에서 군중들을 상대로 하느님의 말씀을 전하고 있었다.

"하느님은 영원불멸의 영혼을 인간에게 주셨습니다. 아담의 육신을 진흙으로 빚어 만드신 후 친히 하느님께서 자신의 숨결을 불어넣으셔서 영혼을 인간에게 주셨습니다. 인간의 영혼을 창조하신 하느님은 곧 육신의 죽음 뒤에 영혼이 모두 하늘나라에 돌아가도록 바라셨습니다. 누구나 하느님이 창조하신 대로 영혼의 본성을 간직한 사람은 자신의 본향인 하늘나라로 향하게 될 것입니다. 하느님의 계획에 원래 사탄이 지배하는 곳, 지옥은 존재하지 않았습니다. 그러나 천사들 중 일부가 하느님의 명령에 불복하여 천상세계에서 쫓겨나 사탄이 되었고, 사탄의 질투심으로 인간세계에 죽음이 들어왔던 것입니다.[35]

천사의 음성을 듣는 사람은 선령(善靈)을 따르는 것이요, 마음속에 하느님 나라를 짓는 것입니다. 사탄의 소리를 듣는 사람은 악령(惡靈)을 따르는 것이요, 영혼의 죽음을 택하는 것입니다. 이들은 육신의 욕망과 탐욕에 빠져 사망의 길, 지옥의 길을 택한 것입니다. 이들은 아들의 말을 듣지 않고 아버지의 초대를 외면하여 돌아가야 할 고향을 잃어버렸고, 그들의 영혼은 사탄과 함께 스스로 지옥으로 향했습니다.

사탄은 인간을 죄에 빠트림으로써 방종과 타락으로 육신의 파멸을 가져왔고 영혼의 죽음도 가져왔습니다. 그러나 하느님의 사랑을 살아서 실천하는 사람은 참 생명을 얻어 하늘나라에서 영원한 생명을 얻습니다.

하느님의 나라는 이 세상에서 어떻게 세울 수 있습니까.

---

35   지혜서 2, 24

모세의 율법으로 하느님의 나라를 세울 수 있다고 생각합니까? 그렇습니다. 모세의 율법은 다음의 열 가지면 충분합니다. 이 율법은 어떤 것입니까? 너무 엄격해서 실행할 수 없습니까? 그렇지 않습니다. 마음이 착하고 겸손한 사람이면 충분히 실행할 수 있습니다.

첫째 너희는 나 이외에 다른 신을 섬겨서는 안 된다.

둘째 너희는 어떤 것의 형태로든 우상을 만들어서는 안된다.

셋째 너희는 주 너희 하느님의 이름을 헛되이 불러서는 안 된다.

넷째 주님의 날, 안식일을 거룩하게 지켜야 한다.

다섯째 너희 아버지와 어머니에게 효도하여라.

여섯째 살인하지 마라.

일곱째 도둑질하지 마라.

여덟째 간음하지 마라.

아홉째 이웃에게 불리한 거짓증언을 하지마라.

열째 이웃의 집과 이웃의 아내, 남종과 여종 등 이웃의 재산을 탐하지 마라.

우리가 이를 실천하고 정의를 지키면 하느님 안에서 살게 되고 하느님 안에서 사는 사람은 어떠한 영혼의 해도 입지 않게 됩니다. 저는 하느님의 말씀을 여러분에게 전하는 진리의 길입니다. 하느님 아버지께서 하시지 않은 말씀을 저는 한마디도 한 적이 없습니다. 나를 따르는 사람은 하느님 말씀을 따르는 것입니다. 그러나 나와 갈라지거나 내 원수 편에 서는 사람은 하느님을 물리치는 사람입니다. 하느님을 물리치는 사람은 사탄을 부르는 것입니다.

　　여러분은 평화의 도성, 참 예루살렘을 향해서 가는 길손입니다. 여러분의 영혼은 하늘에서 내려와 육체에 생명을 준 것입니다. 그리고 여러분의 영혼은 여러분의 고향으로 돌아가고자 합니다. 하느님이 여러분에게 영혼의 숨결을 주셨습니다. 여러분은 육체에 갇혀서 영혼의 고향을 희생시키려고 하십니까? 이제 그 감옥에서 떨쳐 나오십시오. 천상 예루살렘이 눈앞에 있습니다."

예수, 바리사이와 율법학자들을 비난하다

　예수는 율법학자들과 바리사이들의 위선과 교만에 대하여 통렬히 비난한다. 그들은 율법을 절대적인 진리인양 껴안고 있으나 사랑을 실천하지 않았고 거짓과 위선으로 사람들을 속였으며 오로지 자신들의 탐욕을 채우는데 급급했다.

　"율법학자들과 바리사이들은 말만 하고 실행하지 않습니다. 그들은 무겁고 힘겨운 짐들을 묶어 사람들의 어깨에 얹어놓고 자신은 손가락하나 까딱하려 들지 않습니다.

그들은 장터에서는 인사받기 좋아하고 사람들에게 스승이라고 불리기를 좋아합니다. 그들은 '회칠한 무덤'과 같은 존재입니다. 무덤은 겉은 회칠하여 아름답게 단장하였지만 속은 사람들의 뼈와 온갖 더러운 잡동사니들로 가득합니다. 그들은 겉은 정결하고 의인처럼 보이지만 속은 위선과 불법, 탐욕으로 가득 차 있습니다. 그들은 안식일을 지키라고 외치면서도 정작 도움이 필요한 사람의 간절한 요구는 외면합니다. 아모스 예언자는 말했습니다.

'나는 너희의 축제들을 싫어한다. 너희가 나에게 번제물과 곡식 제물을 바친다 하여도 받지 않고 살진 짐승들을 바치는 너희의 그 친교제물도 거들떠보지 않으리라. 다만 공정을 물처럼 흐르게 하고 정의를 강물처럼 흐르게 하라'[36]

율법학자들은 자신들도 지키지 못할 예식을 규정하고 지킬 것을 요구합니다. 여자가 달마다 피를 흘릴 때는 이레 동안 부정하게 되고 그 여자의 몸에 닿은 이는 모두 저녁때까지 부정하게 되며 이레 동안 눕는 자리는 모두 불결하게 된다고 하였습니다. 무엇이든 그 여자가 앉은 물

36 　아모스서 5, 21-24

건에 몸이 닿은 이는 모두 옷을 빨고 몸을 씻어야 합니다. 기간이 끝나면 여드레 되는 날에 산비둘기 두 마리나 집비둘기 두 마리를 사제에게 가져와 한 마리는 속죄 제물로, 한 마리는 번제물로 바쳐야 합니다. 사람의 손이 더러운 것에 닿아서 그가 불결해진다면, 성전의 성물(聖物)이 사람의 손에 닿으면 거룩해져야 되는 것이 아닙니까? 여성이 생리적으로 달거리를 하는 것이 왜 속죄의 대상이 됩니까? 가난한 여인은 불결한 기간마다 속죄 제물을 성전에 바쳐야 하는데 이를 어떻게 감당하겠습니까?

나는 여러분에게 말합니다. 여러분은 앞으로 나의 복음을 전함에 있어 십계명 이외에 한 가지도 더 계명을 보태지도 빼지도 마십시오.

하느님께 대한 예배는 하느님에 대한 사랑인데 사랑은 마음속에 있는 것이지, 아름다운 돌과 값진 나무 속에 있는 것이 아닙니다. 하느님께서는 마음의 성전을 원하십니다. 지극히 높으신 분께서는 사람의 손으로 지은 집에는 살지 않으십니다.[37]

---

37 사도행전 17, 24 하느님은 하늘과 땅의 주님으로서, 사람의 손으로 지은 신전에는 살지 않으십니다.

이는 예언자가 말한 그대로입니다. '하늘이 나의 어좌요 땅이 나의 발판이다. 너희가 나에게 무슨 집을 지어 주겠다는 것이냐?'[38] 제가 여러분에게 분명히 말합니다만, 청결하며 사랑으로 가득한 마음의 성전만이 하느님께서 사랑하시고, 그 안에 기거하십니다.

하느님께 기도하는 집이 왜 아름다움과 웅장함으로 서로 경쟁합니까? 유한한 것이 솔로몬의 성전보다 열배나 아름답다 하더라도 무한하신 분을 만족시켜 드릴 수는 없습니다. 어떤 공간이나 물질적인 화려함 속에도 들어 계실 수 없고 그것으로 공경받으실 수 없는 무한한 분이신 하느님께서는 사람의 마음속에 들어 계시면서 그 자리를 유일한 장소로 공경받기를 원하십니다. 의인의 정신은 사랑의 향기 속에서 그 위에 하느님의 영께서 실제로 머무르실 성전이 됩니다."

사도 요한, 유다를 나무라다

　사도 요한은 성품이 온유하고 겸손하여 예수가 가장 사랑하는 제자였다. 그런 요한은 유다 이스카리옷이 못마땅하다. 유다는 항시 불평을 하였고 불만이 가득 찬 얼굴을 하고 있었다.

　"유다, 자네는 항상 불만이 가득 찬 얼굴을 하고 있네. 도대체 무엇이 불만인가?"

　"나는 언제나 하느님의 땅, 거룩한 이 땅을 외세가 지배하는 현실이 가슴 아픈 것일세. 그래서 나는 로마인이 성조(聖祖)들의 땅, 아브라함의 땅이며 이사악의 땅, 야곱의 땅이며 다윗 성왕과 지혜의 왕 솔로몬이 가꾸며 번영하였던 거룩한 땅이 이방인에 의하여 짓밟히는 현실이 견딜 수 없네. 왜 스승님은 많은 기적을 행하시면서 로마인에 대해서는 관대하신지 모르겠어. 스승님의 초능력이라면 얼마든지 로마인에게 겁을 주어 이 땅에서 몰아낼 수 있을 터인데."

"자네는 과대망상증에 걸려있군. 스승님은 지금 우리가 로마인을 쫓아낼 수 있다고 생각하시지 않은 것일세. 그리고 로마인들을 몰아내면 당장 이 땅에 태평성대가 오리라고 생각하나? 헤로데 대왕의 폭정을 기억하는가? 그는 성전과 호화스러운 왕궁, 마사다 요새 등을 건설하느라고 막대한 세금을 물려 유다 백성을 곤궁하게 만들었네. 스승님은 우리 인간의 마음이 선해지지 않는다면 이 땅에서 압제와 곤궁함과 백성들의 피폐한 생활은 없어지지 않을 거라고 생각하고 계시네. 그래서 스승님은 그토록 사랑을 설파(說破)하고 다니시지 않는가? 그리고 로마는 이백 년 전의 그리스에 비한다면 유화적으로, 우리 신에 대하여 경배할 수 있게 허용하고 우리 율법을 존중해주지 않나. 우리가 만약 사랑으로 단합하고 강건해진다면 그때는 로마인도 스스로 물러날 것이네."

"자네는 아직도 태평성대의 안일함에 빠져 있군. 이스라엘의 남자로서 이 땅을 정화하겠다는 대의명분을 확실히 하지 않는다면 어찌 하느님이 선택한 백성이라고 자부할 수 있겠는가?"

"우리가 증오나 죄악 속에서 죽는다면 우리 영혼은 영원히 죽는 것이라고 스승님은 말씀하셨네. 잘 생각해서 신중하게 행동하게."

요한은 사라지는 유다의 뒷모습을 근심이 가득한 모습으로 쳐다본다.

마리아, '하느님의 나라'에 대하여 예수께 묻다

마리아는 예수에게 묻고 예수는 대답하였다.

"스승님, 스승님은 하느님의 나라에 대하여 다양한 비유로 말씀하셨습니다. 하느님의 나라는 정말 지상에 세워지는 낙원을 뜻합니까?"

"바리사이들이 하느님의 나라가 언제 오느냐는 질문을 하였을 때 내가 하느님의 나라는 눈에 보이는 모습으로 오지 않는다고 답한 것을 기억하느냐?[39] 하느님의 나라는

---

39   루카복음 17, 20

외적인 형체를 가진 것이 아니라 인간의 내면에 존재한다. '사람의 아들'을 사랑하는 사람은 이미 안에 아버지의 나라를 갖고 있는 것이다. 마리아야, 네가 나를 사랑한다면 이미 나와 영혼으로 일치하는 것이며 이는 곧 하느님이 지배하는 나라를 내면에 갖는 것이다."

마리아는 이미 예수와 영혼으로 일치하였고 영적 파트너로서 그리스도의 내면과 마찬가지로 하느님의 나라를 가지고 있었다. 그러나 마리아 막달레나의 이러한 영적인 위치에도 불구하고 극도로 가부장적인 유다교 전통에서 마리아 막달레나의 예지는 성서에서 기록되지 못하고 파묻히고 말았다. 마리아 막달레나는 예수 부활의 첫 증인이 된 후 사도행전에조차 그 행적이 소개되지 못하고 자취를 감추고 있다.

마리아 막달레나는 예수에 대한 무한한 애정으로 예수의 시신을 찾던 끝에 마침내 예수의 부활을 목격한 첫 증인이 되었다. 그리고 예수의 부활을 사도들에게 알려 그들로 하여금 부활의 뜻을 미리 깨닫게 하였다. 결국 이렇듯 예수의 무덤가에서 부활의 가능성도, 그 뜻도 모르던 예수의 사도들을 주님 부활의 증인이요, 선포자가 되게 한 것은 마리아 막달레나였다.

성전 정화사건 : 성모 마리아, 아모스를 만나다

　예수는 예루살렘에 도착한 후 성전에 들어갔다. 거기에서 예수는 성전 제사에 쓰이는 속죄 제물과 친교 제물을 파는 상인들을 채찍으로 쫓아내고, 환전상들의 탁자와 의자들을 뒤집어엎었다. 성전은 사제들이나 경비대장이 뒷돈을 받고 상인들이 좋은 몫을 차지하게끔 하는 막대한 이권이 걸려 있었다. 성전은 거룩한 기도의 집이 아니라 거짓과 탐욕의 소굴이 되어 있었다. 그리고 그들에게 말하였다.

　"아버지의 집은 기도의 집이라 불리어져야 한다. 그런데 너희는 강도의 소굴로 만들었다."

제자들은 예수가 성전을 정화하는 모습을 불안한 심정으로 바라보았다. 대사제의 기득권인 성전의 여러 권한은 신성불가침이었다. 유대인의 신앙에서 성전은 극히 중요한 비중을 차지하고 있었으며 성전 모독죄로 고발당하면 어떤 결과가 나올지 몰랐다. 유대인은 1년에 세 차례 과월절과 오순절, 초막절에 예루살렘 성전을 방문하도록 율법에 규정되어 있었다.[40]

물론 생업에 바쁘고 먹고 살기 힘든 유대인은 이 율법을 지킬 수 없었다. 갈릴래아 같이 예루살렘에서 멀리 떨어진 곳은 1년에 한 차례 방문하는 것으로 완화되었다. 예수의 부모도 해마다 파스카 축제 때에 예루살렘을 방문한 것으로 성경에 나온다.[41]

다음날 저녁 예루살렘에 예수가 머물고 있는 거소로 한 랍비가 찾아왔다. 성모 마리아를 찾은 그 랍비는 천만뜻밖에도 아모스라고 하는, 성모 마리아의 이웃에 살던 고아였다. 예수의 어머니 마리아는 아모스를 맞아 너무나 반갑게 포옹을 하고 '샬롬'이라고 인사했다. 이는 '평화'라

---

40   신명기 16, 16
41   루카복음 2, 41-42

는 뜻이다. 아모스는 마리아가 결혼하던 해 친척의 도움을 받아 예루살렘에 와서 낮에는 밭일을 하고 밤에는 공부하여 마침내 랍비가 되었다. 그리하여 그는 자기 아버지의 꿈을 이뤘다.

"아모스! 정말 믿을 수가 없구나. 고아이던 아이가 하느님의 축복으로 이제 유대교의 스승인 랍비로 컸구나."

"저는 마리아 누님과 안나 아줌마의 은혜는 잊을 수 없어요. 어린 저를 친 아들처럼 보살펴주시고 거두어주신 덕분에 저는 굶어 죽지 않고 살아남을 수 있었고 오늘날 랍비가 될 수 있었어요. 두 분은 제게 생명의 은인이에요."

"별 말을 다하는구나. 이사악 부부가 하느님을 믿고 열심히 기도한 덕분에 하느님의 은총이 아모스에게 내린 것이다. 생활하는데 별 어려움은 없니?"

"예, 저는 결혼하여 두 딸을 두고 있어요. 그 아이들은 하느님께서 저에게 주신 선물이에요. 저는 하느님께서 두 딸을 보살펴주시도록 언제나 기도하고 있어요."

"참으로 하느님 아버지의 축복으로 아모스가 행복한 성가정을 이루었으니, 내가 얼마나 기쁜지 모르겠구나. 그런데 내가 이러한 이야기를 아모스에게 들려주게 되어 미안하지만 얼마 전에 예루살렘을 바라보며 예수가 이런 말을 하며 눈물을 흘리더구나. '예루살렘아, 예루살렘아! 예언자들을 죽이고 자기에게 파견된 이들에게 돌을 던져 죽이기까지 하는 너! 암탉이 제 병아리들을 날개 밑으로 모으듯, 내가 몇 번이나 너의 자녀들을 모으려고 하였던가? 그러나너희는 마다하였다. 보라, 너희 집은 버려져 황폐해 질 것이다.' 아마도 장래에 큰 환난이 예루살렘에 닥치게 될 것이다. 로마에 대한 유다의 저항이 거세지면 너는 사랑하는 두 딸을 데리고 미리 난을 피해 다른 지역으로 옮기려무나."

"예, 잘 알겠습니다. 예수는 예언자이므로 미래의 일을 꿰뚫어 보는 예지를 가지고 있습니다. 예루살렘의 멸망을 얘기하셨다 하니 이는 사제와 율법학자들이 행한 업보인 셈입니다. 예수는 하느님께서 보내주신 우리 민족의 스승인데 대사제와 율법학자들이 자신들만의 율법규정에 얽매여 예수를 핍박하고 죽이려 하고 있습니다. 예수가 성전 정화사건을 일으켰는데 어제 산헤드린[42]이 열렸습니

---

42 '산헤드린'이라고도 하는 예루살렘의 최고의회는 신약 시대 유다교의 최고 통치 기구였다. 산헤드린의 우두머리인 대사제는 종교적 권한과 정치적 권한을 동시에 행사했다. 당시 팔레스티나를 지배하고 있던 로마제국은 유다교 최고의회에 종교적, 법률적, 행정적인 일들을 처리할 수 있는 상당한 자치권과 권위를 허용했다. 그러나 최고의회는 로마가 정해 놓은 한계 내에서만 힘을 행사할 수 있었다. 사형 같은 중대한 형벌의 경우에는 로마에서 직접 담당하도록 넘기거나 로마 당국의 승인을 받아 처리했던 것으로 추측된다.

다. 이들은 예수가 하느님을 모독하고 성전을 모독했다고 주장하였습니다. 그들은 '주님의 이름을 모독한 자는 사형을 받아야 한다'는 율법 규정[43]을 들먹이며 예수를 사형에 처하려 하고 있습니다. 우선 에프라임으로 피신하셨다가 기회를 보아 예루살렘으로 돌아오십시오."

"아모스, 위험을 미리 알려주니 고맙네. 상황이 그러니 우선 예루살렘을 벗어나는 것이 좋겠구나. 아모스, 너에게도 하느님의 은총이 내내 함께 하기를 빈다."

"주님의 축복이 늘 함께 하시기를!"

---

[43]   레위기 24, 16

마리아와 마리우스 : 재회와 이별

이튿날 예수 일행은 에프라임을 향해서 예루살렘을 벗어나고자 길을 떠났다. 그러나 예루살렘 성문을 나서는 중에 한 무리의 유대인이 예수 일행을 에워쌌다. 이들은 예수를 향해서 소리쳤다. 아마도 대사제 가야파와 산헤드린을 구성하는 귀족들이 보낸 사병임에 틀림없었다.

"'성전의 돌 하나도 다른 돌 위에 남아있지 않고 다 허물어진'고 한 예수라는 랍비는 지금 당장 재판을 받고 투석형에 처해져야 한다."

성전을 경비하는 로마군은 멀리 있어 불러올 수도 없었

다. 그중에는 예수 일행에 위해를 가할 목적으로 칼을 휘두르는 폭도가 있었다.

예수가 일행을 보호하기 위해 앞을 가로막는 순간 폭도 하나가 예수께 덤벼들었다. 위기일발의 순간 어디선가 화살이 날아와 폭도의 가슴에 꽂혔다. 폭도는 비명을 지르며 쓰러졌다. 이어서 말발굽 소리가 요란하게 들리며 예수 앞으로 로마의 백인대장이 다가왔다.

그는 마리우스였다. 폭도들은 로마의 백인대장을 본 순간 병장기를 내려놓고 하나 둘 사라졌다. 로마의 백인대장을 중인환시(衆人環視) 속에 해치다가는 가족까지도 무사하지 못할 것이기 때문이었다. 마리우스는 예수 앞으로 다가와서는 한쪽 무릎을 꿇었다. 이스라엘에서 이 같은 믿음을 본 적이 없다고 칭송하며 예수가 그의 하인을 치유해 준 백인대장이 오늘 예수를 위험에서 구해줌으로써 예수의 은혜에 보답한 셈이 되었다. 예수는 감개무량한 듯 백인대장을 쳐다보면서 말하였다.

"오늘 마리아를 찾으러 이곳에 오시다가 난동을 보고 우리 일행을 구해주셨구려. 정말 고맙소이다."

"주님께서 은총을 베풀어 주셔서 저는 하인을 죽음으로부터 구했으며 제가 꿈에도 잊지 못하던 마리아를 죽음의 위험에서 구하고 다시 볼 수 있었습니다. 저는 주님의 은총을 잊을 수 없습니다."

"어서 가셔서 마리아를 만나 보시오. 우리는 조금 있으면 에프라임으로 길을 떠나야 됩니다."

마리우스는 마리아를 꿈에서조차 잊지 않았고 그녀와 재회하고자 하는 열정이 식지 않았다. 마침 예수가 성전에서 상인들을 채찍으로 내려치면서 성전 정화사건을 일으킨 뒤 예수 일행을 찾아 헤매다가 오늘 에프라임 쪽으로 예수 일행이 출발하였다는 소문을 듣고 뒤쫓아 온 것이다.

마침내 마리우스는 그토록 그리워하던 마리아 막달레나를 만났다. 마리아는 마리우스의 품에서 떨어질 줄 몰랐다. 마리우스는 그러나 마리아 막달레나를 영원히 안을 수는 없었다. 마리우스는 말했다.

"마리아! 그대와 헤어진 후 나는 한 시각도 그대를 잊어본 적이 없소. 이제 얼마 안 있으면 나의 유다에서의 주둔기간이 끝나가오. 마리아! 나와 결혼해주시오. 나와 함께 로마로 갑시다."

"마리우스! 당신을 진심으로 사랑해요. 그러나 나는 스승 예수님으로부터 내면에서 영원히 솟아나는 진리의 샘을 얻기 위해, 영원한 생명을 얻기 위해 그의 제자가 되었어요."

"마리아! 인간은 한번은 죽습니다. 영원히 살 수는 없지요. 로마제국은 영원히 지속될 거요. 비록 우리는 먼 훗날 죽더라도 우리의 자손이 번영된 로마 제국에서 행복한 삶을 영위할 수 있소."

"처음에 주님께서 자신의 제자가 되라고 하셨을 때 저는 받아들일 수 없었어요. 당신에 대한 사랑이 너무나 컸고 당신에 대한 그리움이 너무나 간절했기 때문이에요. 주님은 제게 육신의 인연에 집착한다고 하셨습니다. 그리고 저는 주님께 두 번째 재생의 은총을 입었어요. 이로 인해 저는 저의 운명을 깨달았어요. 저는 이제 하느님께서 저를 세상에 내신 이유를 알았어요. 어머니는 제가 빛이 되어 이스라엘에 오신 분을 세상에 알리는 사명을 받았다고 말씀하셨어요. 스승 예수님은 하느님의 아들이며 메시아시고 만민의 빛으로 오신 분이에요. 그래서 저는 빛으로 오신 그분을 세상에 알리기 위해 그의 제자가 되었어요."

"이스라엘의 지혜이고 총명함인 그대가 그렇게 판단하였으면 그것은 틀림없는 진리일 것이요. 마리아, 당신을 영원히 잊을 수 없을 것 같소."

마리우스는 마리아 막달레나와 작별을 고하였다. 그리고 멀어져가는 예수 일행을 성문 밖에서 언제까지나 바라보았다.

언제까지나……

언제까지나……

제5부

수난과 부활 :
구원의 완성

십자가 아래서 눈물 흘리는 마리아 막달레나

빌라도는 예수의 피에 대한 책임이 없음을 선언하였다.

그러자 이스라엘 군중은 '그 사람의 피에 대한 책임은 우리와 우리 자손들이 질 것이오.'라고 대답하였다.

(마태오복음 27, 25)

그들은 이 말이 무슨 뜻인지 어떠한 참혹한 결과를 불러올지 알지 못했다. 이미 선지자(先知者) 예수의 눈에는 예루살렘 백성들의 죽어가는 모습이 보였고 그들의 비명소리가 귀를 때리고 있었던 것이다.

라자로의 죽음

라자로는 예수의 오랜 제자요 친구로서 마르타와 마리아의 오빠이다. 베타니아는 예루살렘에서 열다섯 스타디온(한 스타디온은 약 185미터)쯤 되는 가까운 거리였다. 에프라임에 머무르고 있던 예수는 제자들에게 '다시 유다로 가자.'라고 말하자 제자들은 '스승님, 바로 얼마 전에 유대인들이 스승님을 해치려 하였는데 다시 그리로 가시렵니까?'하였다. 예수는 '내 친구 라자로가 잠들었다. 내가 가서 그를 깨우겠다. 죽음은 허상이며 생명은 실재하는 것이다. 참 생명은 사라지지 않는다. 나는 그를 죽음에서 살릴 것이다.'고 하였다.

마르타는 예수를 보자 눈물을 흘리며 말하였다.

"주님, 주님께서 여기에 계셨더라면 오빠는 죽지 않았을 것입니다."

예수께서 대답하였다.

"네 오빠는 다시 살아날 것이다."

마르타는 예수 재림 때에 모든 사람들이 무덤에서 다시 일어서리라는 것을 믿는다고 하였다.

"마지막날 부활 때에 오빠도 다시 살아나리라는 것을 알고 있습니다."

예수께서 다시 말하였다.

"나는 부활이요 생명이다. 나를 믿는 사람은 죽더라도 살고 또 살아서 나를 믿는 모든 사람은 영원히 죽지 않을 것이다. 너는 이것을 믿느냐?"

그러자 성녀 마르타가 고백했다.

"예, 주님! 저는 주님께서 이 세상에 오시기로 되어 있는 메시아시며 하느님의 아드님이심을 믿습니다."[44]

---

44   요한 복음 11, 27

베타니아의 마리아는 유대인들과 함께 있다가 예수가 왔다는 말을 듣고 예수를 맞으러 나갔다. 마리아는 예수의 발 앞에 엎드려 울며 말했다.

"주님, 주님께서 여기에 계셨더라면 제 오빠가 죽지 않았을 것입니다."

마리아도 울고 또 그와 함께 온 유대인들도 우는 것을 본 예수는 마음이 북받치고 산란해졌다.

예수가 '그를 어디에 묻었느냐?'하고 물으니, 그들이 '주님, 와서 보십시오.' 하고 대답하였다. 예수는 이를 보고 눈물을 흘렸다. 예수는 공생활 가운데 예루살렘의 멸망을 예고하면서 눈물을 흘린 경우를 제외하면 거의 눈물을 흘리지 않았다. 그런데 여기서 눈물을 흘린 것을 보면 예수가 이들 자매를 얼마나 사랑했는지 알 수 있다.

라자로를 다시 살리다

　예수는 다시 속이 북받쳐 무덤으로 갔다. 무덤은 동굴인데 그 입구에 돌이 놓여 있었다. 예수가 '돌을 치우라.' 하니, 죽은 사람의 누이 마르타가 '주님, 죽은 지 나흘이나 되어 벌써 냄새가 납니다.'하였다.

　예수가 마르타에게 말하였다.

　"네가 믿으면 하느님의 영광을 보리라고 내가 말하지 않았느냐?"

　그러자 사람들이 돌을 치웠다. 예수는 하늘을 우러러보며 말했다.

"아버지, 제 말씀을 들어 주셨으니 아버지께 감사드립니다. 아버지께서 언제나 제 말씀을 들어 주신다는 것을 저는 알고 있습니다. 그러나 이렇게 말씀드린 것은, 여기 둘러선 군중이 아버지께서 저를 보내셨다는 것을 믿게 하려는 것입니다."

예수는 이렇게 말하고 나서 큰 소리로 외쳤다.

"라자로야, 이리 나오너라."

그러자 죽었던 이가 손과 발은 천으로 감기고 얼굴은 수건으로 감싸인 채 나왔다. 예수는 사람들에게 말했다.

"그를 풀어 주어 걸어가게 하여라."

최고회의에서 예수를 죽이기로 결정하다

　가야파의 대저택에는 산헤드린(Sanhedrin)의 회원들이 모여 들었다. 유대교의 제사장과 백성의 장로, 율법학자, 이름난 바리사이파 사람들과 귀족들이 회원들이었다. 대사제 가야파가 입을 열었다.

　"지금 여기 모인 분들에게 의견을 묻습니다. 예수라는 자는 신성을 모독하고 자신이 하느님의 아들이라고 참칭하고 있습니다. 또한 하느님의 나라를 이 세상에 오게 한다는 명목으로 군중을 선동하고 로마의 심기를 거스르고 있습니다. 로마가 반역의 낌새를 눈치채고 대규모 군대를 일으킨다면 또다시 성전을 중심으로 우리 대사제들은 유다 사회에 피바람이 몰아치는 것을 속수무책으로 보고 있을 수밖에 없습니다. 다른 사제들, 장로들, 예언자들께서도 말씀해주시기를 바랍니다."

"예수라는 자는 하느님이 계신 거룩한 곳, 성전을 모독했습니다. 그는 성전을 허물면 사흘 안에 다시 세우겠다고 하며 터무니없는 말로 군중을 선동하였소. 그리고 최근에는 무슨 마술을 부렸는지 라자로라는 추종자를 무덤에서 다시 걸어 나오게 하여 우매한 백성에게 그가 메시아라는 인식을 심어주고 있소."

"그는 죽어야 합니다. 유대인 전체를 위해서 그가 희생되는 편이 낫습니다."

"저도 그렇게 생각합니다."

이렇게 하여 그들은 예수를 죽이기로 결의하였다.

마리아 막달레나, 예수에게 향유를 붓다

예수는 공생활 동안 수많은 치유의 표징을 일으켰으나
유대인들은 예수를 믿지 않았다. 이는 예언서에 나타나
있다.

너는 저 백성의 마음을 무디게 하고
그 귀를 어둡게 하며 그 눈을 들어붙게 하여라.
그들이 눈으로 보고 귀로 듣고
마음으로 깨닫고서는 돌아와

치유되는 일이 없게 하여라.[45]

이는 이사야 예언자가 예수에 대하여 이야기한 것이다. 사실 지도자들 가운데 많은 사람이 예수를 믿었지만, 바리사이들 때문에 회당에서 내쫓길까 두려워 믿는다는 사실을 고백하지 못했다. 그들은 하느님에게서 받는 영광보다 사람에게서 받는 영광을 더 사랑하였기 때문이다.

예수는 이제 수난과 죽음의 때가 다가왔으므로 제자에게 일렀다.

"내가 아버지에게 갈 때가 왔다. 조금 있으면 너희들은 나를 더 이상 보지 못할 것이다. 그러나 조금 더 있으면 너희는 나를 다시 볼 것이다."

제자들은 영문을 몰라 스승님이 아버지에게 가신다는 뜻이 무슨 말인지를 자기들끼리 의논하였다. 예수는 제자들에게 말했다.

"너희는 나를 보지 못한다고 근심하겠지만 근심은 기쁨으로 바뀔 것이다. 또한 그날이 오면 세상은 기뻐 용약(踊躍)할 것이다."

---

45   이사야서 6, 10

마리아 막달레나는 수난의 날이 다가온 것을 알고 식탁에 앉은 예수께 미리 준비해둔 향유를 부어드렸다. 그러자 값진 향유의 향기가 온 방안을 뒤덮었다. 예수는 마리아의 향유가 눈물로 부어졌음을 간접적으로 언급하였다.

"지금 방안에 이처럼 향유의 향기가 짙은 것은 마리아의 눈물의 향기가 배어 있기 때문이다."

유다는 이를 못마땅하게 여기며 말하였다.

"왜 비싼 향유를 이처럼 허투루 쓰는가? 만약 이 향유를 내다 팔면 가난한 이들에게 나누어 줄 수도 있을 텐데."

그러나 유다가 안타까워한 것은 가난한 사람을 도와주지 못해서가 아니라 예수에게 부어진 그 값비싼 향유가 돈으로 환산했을 때 300데나리온에 해당하는 것이고 그 돈을 만약 자신이 관리했다면 자신의 용도대로 착복할 수 있었을 것이라는 계산을 했기 때문이었다.

그러자 예수는 이를 알고 유다에게 일렀다.

"왜 마리아를 괴롭히느냐? 가난한 이들은 늘 너희 곁에 있으나 나는 늘 너희의 곁에 있지 않다. 마리아가 내 몸에 이 향유를 부은 것은 내 장례를 준비하려고 한 것이다. 내가 진실로 너희에게 말한다. 온 세상 어디든지 이 복음이 선포되는 곳마다 마리아가 나에게 향유를 바른 일도 전해져서 마리아를 기억하게 될 것이다."

파스카 축제가 다가오자 예수는 이 세상에서 하느님 아버지께로 건너갈 때가 온 것을 알았다. 그리하여 예루살렘 도성 안에 이층집을 빌려 제자들은 파스카 음식을 차렸다. 파스카 음식이라 함은 이스라엘 백성이 이집트 탈출을 기념하여 누룩 없는 빵, 쓴 나물과 양고기 등을 차리는 것을 뜻한다. 누룩 없는 빵은 순결을 상징하며 쓴 나물은 이집트의 노예생활의 고통을 상징하고, 양의 피는 죄를 깨끗이 씻는 것을 상징한다. 시간이 되자 예수는 사도들과 함께 자리에 앉았다. 그리고 성찬의 전례를 거행하였다. 예수는 최후의 만찬을 끝내고서 올리브 산으로 올라갔으며 제자들도 뒤를 따랐다.

예수, 붙잡히다

예수는 제자들과 함께 키드론 골짜기 건너편으로 갔다. 거기에 정원이 하나 있었는데 제자들과 함께 그곳에 들어 갔다. 예수는 제자들과 함께 여러 번 거기에 모였기 때문에, 그분을 팔아넘길 유다도 그곳을 알고 있었다. 그래서 유다는 군대와 함께, 수석 사제들과 바리사이들이 보낸 성전 경비병들을 데리고 그리로 갔다. 그들은 등불과 횃불과 무기를 들고 있었다. 예수는 당신께 닥쳐오는 모든 일을 알고 앞으로 나서며 그들에게, '누구를 찾소?' 하고 물었다. 그들이 '나자렛 사람 예수요.'하고 대답하자, 예수는 그들에게 '나요.'하고 말하였다. 예수를 팔아넘길 유다도 그들과 함께 서 있었다.

유대인들의 성전 경비병들은 예수를 붙잡아 먼저 한나스에게 데려갔다. 한나스는 그 해의 대사제 가야파의 장인이었다. 한나스는 예수에게 당신이 이스라엘 백성을 그릇 인도한 죄가 크다고 하였다. 예수가 말하였다.

"나는 장님의 눈을 뜨게 하였고 나병환자의 몸을 고쳐주었으며 앉은뱅이와 중풍환자를 걷게 하였소. 장님이 눈을 뜬 것은 비록 육신의 눈은 닫혔으나 영혼의 눈은 하느님을 향해 열려 있었기 때문이요. 그러나 그대들은 육신의 눈은 뜨고 있으나 영혼의 눈은 하느님을 향해 닫혀 있소.

나는 죽어가는 사람들의 육신을 다시 살아나게 하였고 영혼의 병을 치유하였소. 이스라엘 백성에게 이웃사랑을 심어주었으며 가난한 사람의 눈물을 닦아주었소. 당신들은 내가 당신들을 모욕한다고 비난하지만 당신들은 탐욕에 눈이 멀어 가난한 사람과 약한 사람들을 소외시켰소. 그리고 자신들의 이익을 침해한다며 나에 대한 증오심으로 마음을 채웠으며, 오로지 자신의 사리사욕과 자릿세에 눈이 멀어 성전을 강도의 소굴로 만들었소. 그러면서 나에게 성전을 모욕했다는 죄명을 덮어씌우고 있소."

가야파는 백성을 위하여 한 사람이 죽는 것이 낫다고 유대인들에게 충고한 자다. 가야파는 예수께 그의 제자들과 가르침에 관하여 물었다. 예수는 그에게 대답했다.

"나는 세상 사람들에게 드러내놓고 이야기하였소. 나는 언제나 모든 유대인이 모이는 회당과 성전에서 가르쳤으며, 은밀히 이야기한 것은 하나도 없소. 그런데 왜 나에게 묻습니까? 내가 무슨 말을 하였는지 들은 이들에게 물어보시오. 내가 말한 것을 그들이 알고 있소."

예수가 이렇게 말하자, 곁에 서 있던 성전 경비병 하나가 예수의 뺨을 치며, '대사제께 그따위로 대답하느냐?'하였다. 예수가 그에게 대답했다.

"내가 잘못 이야기하였다면 그 잘못의 증거를 대 보시오. 그러나 내가 옳게 이야기하였다면 왜 나를 치시오?"

예수, 빌라도에게 심문을 받다

사람들이 예수를 가야파의 저택에서 총독 관저로 끌고 갔다. 때는 이른 아침이었다. 그래서 빌라도가 그들이 있는 곳으로 나와 물었다.

"무슨 일로 저 사람을 고소하는 것이오?"

그들이 빌라도에게 대답했다.

"저자가 범죄자가 아니라면 우리가 총독께 넘기지 않았을 것이오."

빌라도가 그들에게 말했다.

"여러분이 데리고 가서 여러분의 법대로 재판하시오."

그러자 유대인들이 말했다.

"우리는 누구를 죽일 권한이 없소."

그리하여 빌라도가 다시 총독 관저 안으로 들어가 예수를 불러 물었다.

"당신이 유대인들의 임금이오?"

예수가 빌라도에게 되물었다.

"그것은 당신 생각으로 하는 말이오? 아니면 다른 사람들이 나에 관하여 당신에게 말해 준 것이오?"

빌라도가 다시 예수께 물었다.

"나야 유대인이 아니잖소? 당신의 동족과 수석 사제들이 당신을 재판하라고 나에게 넘겨 준 것이오. 당신은 무슨 일을 저질렀소? 나는 당신이 반역을 저지르지 않았음을 잘 알고 있소. 말해보시오. 당신이 정말 유대인의 왕인가를."

예수가 빌라도의 물음에 답했다.

"내 나라는 이 세상에 속하지 않소. 내 나라가 이 세상에 속한다면, 내 신하들이 싸워 내가 유대인들에게 넘어가지 않게 하였을 것이오. 그러니 내 나라는 세상에 있지 않고 내가 이 세상 권력을 탐하지 않는다는 것도 당신이 잘 알 것이오."

"당신이 왕이라는 것은 부인하지 않는구려."

"그렇소. 나는 진리를 증언하려고 이 세상에 왔소. 진리를 바라는 사람은 나의 말을 듣소."

"진리란 무엇이요?"

"진리란 영원한 생명을 얻는 길이요."

빌라도는 유대인 군중을 향해 돌아서며 말했다.

"나는 이 사람에게서 아무런 죄목도 찾아내지 못하였소."

그러자 군중이 난동을 부렸다.

"그자는 신을 모독한 자요."

"그자는 성전을 모독한 자요."

"십자가에 못 박으시오!"

빌라도는 원래 유다의 반란자에 대하여는 단호하게 처단하기로 이름이 난 총독이었다. 왜냐하면 유대 민족의 선민사상과 배타적 애국주의로 인하여 끊임없는 민족부흥 운동이 일어나 그러지 않을 경우 이 민족을 통치하기가 어렵다고 판단한 때문이다.

총독 빌라도는 자기 수하의 장군으로부터 예수에 관하여 들은 적이 있었다. 그 수하 장군은 자기 아래에 있는 백인대장이 히브리 여인을 사랑하여 그 여자와 결혼까지 하려 하였다고 했다. 그런데 그 히브리 여자는 이를 마다하고 영원한 생명을 얻겠다고 하며 예수의 제자가 되어 떠나갔다는 것이다.

히브리 여인, 더구나 갈릴래아 시골구석의 여인으로서 로마의 장교와 결혼하는 것은 그때로서는 꿈같은 이야기였다. 히브리 여인은 남자의 소유물이며 재산으로 취급당했고 평등한 인간으로서의 대우를 받지 못했다. 적지 않은 히브리 여자가 남편의 폭력과 폭언에 시달렸으며, 모세 율법에 의하더라도 이유 없이 이혼서 한 장 써주면 이혼할 수 있었다.

더구나 마리우스는 로마 명문가의 자제였고 용맹한 로마의 청년장교로서 히브리 여인으로서는 로마 귀족의 부인이 되는 신분상승의 기회였다. 그런데 히브리 여인은 그런 절호의 기회를 '영원한 생명'을 얻기 위해 마다한 것이다. 유다의 왕이라는 예수는 빌라도의 '진리가 무엇이오?'라는 질문에 '영원한 생명'을 얻기 위한 길이라고 했다.

빌라도 총독은 예수가 로마에 대하여 저항할 목적으로 사람을 모으고 가르침을 베푸는 행위를 하지 않았음을 잘 알고 있었다. 수하 장군에 의하면 예수라는 예언자는 수많은 기적을 일으켜 유다 백성을 치유하였으며 그는 폭력을 멀리하고 원수를 사랑하라고 가르쳤다. 사제들은 상인들과 결탁하여 서민의 주머니를 강탈하면서 거룩한 하느님 아버지의 집을 강도의 소굴로 만들었다. 예수가 이를 단죄하며 상인의 좌판을 쓸어버리고 이들을 성전에서 내쫓자 이들은 예수가 하느님의 아들임을 자처하면서 하느님을 모독하였다는 누명을 씌어 고발하였다. 빌라도도 이 사실을 어렴풋이 알고 있었다. 빌라도는 예수를 풀어줄 방도를 찾기 위하여 골몰하다가 기묘한 제안을 하게 되었다.

"파스카 축제 때에 죄수 하나를 풀어 주는 관습이 있는 것을 여러분도 잘 알 것이오. 내가 유대인의 임금을 풀어 주기를 원하오?"

그러나 이 말을 한 것은 빌라도의 실수였다. 이스라엘 백성들이 곧바로 '우리들의 왕은 로마 황제 한 분뿐이요.' 라고 되받았기 때문이다.

이들은 로마 총독인 빌라도를 겁박하기 시작했다.

"만약 당신이 스스로 유대인의 왕을 자처하는 예수를 풀어준다면 당신은 황제의 신하가 아니오."

만약 예수를 풀어주었다가 유대인이 폭동이라도 일으킨다면 그 책임은 오로지 로마의 총독인 빌라도가 져야 했다.

빌라도는 마음속에 두려움이 일었다. 그러나 한편으로는 사람들이 예수를 예언자로 떠받들고 있었으므로 그를 처형하였다가 그에 따른 저주를 입게 될까 적지 않은 공포심이 엄습함을 느꼈다. 빌라도는 이스라엘 군중에게 타협을 제시했다. 그들의 요구조건을 들어주는 대가로 이 사람의 피에 대한 책임이 없음을 선언했다. 빌라도는 로마인으로서 용의주도함을 갖춘 인물이었다. 이때 이스라엘 군중은 '그 사람의 피에 대한 책임은 우리와 우리 자손들이 질 것이오.'[46]라고 대답하였다. 그들은 이 말이 무슨 뜻인지 어떠한 참혹한 결과를 불러올지 알지 못했다.

예수는 그들이 얼마나 무서운 말을 하고 있는지를 이미 알고 있었다. 이미 선지자(先知者) 예수의 눈에는 예루살렘 백성들의 죽어가는 모습이 보였고 그들의 비명소리가 귀를 때리고 있었던 것이다. 이스라엘 백성들이 사제들의 사주에 의하여 '바라빠를 풀어주고 예수를 십자가에 못박으시오.'라고 외쳤을 때 이들은 이미 평화를 외면하고 폭

---

46   마태오 27, 25

력과 파멸의 길을 선택하였던 것이다.

빌라도가 유다 사람들로 하여금 예수와 바라빠 가운데 한 명을 선택하도록 한 것은 바라빠가 원한 지상의 왕국이냐, 아니면 예수가 말하는 천상의 왕국, 하느님 나라인가를 유다 군중으로 하여금 선택하도록 한 것이다. 한쪽은 자유와 독립이 보장된 지상의 왕국을 약속한 반면에 다른 쪽은 하늘나라를 얻기 위해서는 자신의 모든 것, 명예, 부, 세상으로부터의 인정을 포기하고 자기를 버리는 것이 영원한 생명의 길이라고 가르쳤다. 예수는 세상 권력을 얻기보다는 자신의 십자가라는 고통을 통해서 공동체를 이끌어 나가야 함을 말했고 하느님 아버지를 사람들의 내면에서 체험하고 만나게 해주었다.

유다 군중은 지상의 왕국을 선택하였다. 그러나 결과는 유다의 파멸이었다. 기원후 70년 이들은 로마제국에 대항하여 봉기하였으나 결국 처참하게 패망하였다. 살육과 파괴의 참상이 벌어졌으며, 유대인 사망자는 무려 100만에 이르렀다. 유대인의 예루살렘 이주는 금지되었고 성전은 불에 타 허물어졌다. 유대인 노예가 너무 많아 예전 같으면 당나귀 값의 두 배에 해당하던 유대인 노예 값이 당나귀 값의 3분의 1에도 미치지 못하였다고 한다.

예수를 처형하도록 만든 대사제 계급은 유대 사회의 권력과 재물을 거머쥔 대표적인 기득권 그룹이었으나 예루살렘 저항을 거치면서 완전히 멸족되었다. 이들은 로마와 화평을 원했으나 묵살되었고, 재물과 가족을 데리고 성을 빠져나가 로마에 투항하려고 하다가 혁명당원에 의해 등에 창을 맞거나 활을 맞고 죽어갔다. 이는 역으로 이들이 얼마나 악행을 일삼아 왔는가 하는 증거이기도 하였다. 그들은 온갖 명목으로 이스라엘 서민들을 수탈하였고 이스라엘 여인들을 농락하였으며 걸핏하면 간음한 여자로 몰아 결백한 여인을 투석형으로 인생을 끝맺게 하였다.

그러나 바리사이들은 살아남아 유대의 지도자 계급으로 남게 되었다. 비록 예수에 의하여 위선적인 인간으로 질타 당하였으나 바리사이들은 경건한 신앙심과 지혜를 갖춘 사람들이었다. 그들 중에는 사도 바오로의 스승 가말리엘이나 니코데모 같이 예수와 제자들을 옹호한 사람도 꽤 있었다. 이들은 예루살렘이 함락되기 이전에 랍비 한 명의 선견지명으로 집 한 칸에 해당하는 넓이의 공간에 수용된 랍비들은 살아남을 수 있었다. 이들이 유대의 가르침 탈무드를 후세에 전하는 지역사회의 스승들을 길러내면서 유대의 정신은 보존될 수 있었다.

예수, 바라빠를 감옥에서 만나다

바라빠는 감옥에서 풀려나면서 득의양양하게 예수를 바라보며 말했다.

"당신의 아버지는 어디 있소? 그리고 하느님의 나라가 가까이 왔다고 당신은 광야에서 외쳤소. 하느님의 나라가 겨우 이런 모습이오. 당신은 조금 있으면 가시관을 쓰고 온갖 모욕과 태형을 받고 중죄인의 모습으로 십자가상에서 고통과 후회 속에 죽음을 맞이할 것이오. 나는 이제부터 나의 왕국을 건설할 것이오. 귀 기울여 들으시오. 저 유다의 함성을. 그들이 나를 풀어주라고 소리높이 외치고 있소. 나는 그들의 열정과 용기를 잊지 않고 그들을 이끌고 로마 제국을 이 땅에서 몰아내겠소. 나는 다윗의 왕국을 건설하여 자손만대 부귀영화를 누릴 것이오. 당신이 나와 함께 하지 않았음을 지금 후회한들 무슨 소용이 있겠소. 잘 가시오, 하느님의 아들이여."

예수는 담담하게 말한다.

"아버지의 뜻은 누구도 알 수 없소. 나는 단 한번 나의 피로 세상의 욕망과 죄를 씻고자 십자가를 지고 갈바리아 산을 올라갈 것이오. 지금은 당신이 승리한 것처럼 보이고 의인은 비참한 최후를 맞는 것처럼 보일 것이오. 그러나 선대들이 기록한 지혜서를 읽어보더라도 의인은 비록 벌을 받는 것처럼 보이지만 그들은 저 세상에서 하느님의 품안에서 영원한 복락을 누리고 있소. 누가 승리할 것인지, 무엇이 진정 아버지의 뜻인지 당신이 깨닫게 되는 날이 오기를 바라오. 나는 나의 길을 갈 것이며 당신은 당신의 길을 가게 되겠지요. 그러나 기억하시오. 누구도 하느님의 섭리를 대신할 수 없다는 것을."

바라빠는 순간 얼굴이 굳어졌다. 이 예언자의 말에 거역할 수 없는 힘이 있음을 느꼈기 때문이다. 죽음을 앞둔 예수의 얼굴은 너무나 평온했다. 그후 바라빠는 로마에 맞

서서 무장항쟁을 일으켰으나 피의 대가는 자신의 죽음과
유대 민족의 파멸이었다.

예수, 십자가를 지고 골고타 산을 오르다

　예수는 십자가를 지고 골고타 산을 올랐다. 마리아 막달
레나가 물을 퍼 와서 예수께 드렸다. 해는 중천에 떴고 목
은 쉬이 말랐다. 마리아 막달레나를 처음 만났을 때 예수
는 마리아가 떠준 우물물을 마셨다. 그러면서 아마 당신
이 목이 더 마를 거라고 예수는 마리아 막달레나에게 말
했다. 과연 그랬다. 마리아는 마리우스라는 이방인 청년
의 사랑을 갈구하고 있었고 육신과 영혼의 허전함을 달래
줄 마음의 음료가 필요했다. 예수는 영원히 목마르지 않
을 물, 한번 마시면 내면에서 솟구쳐 올라 영원히 목마르

지 않을 물을 마리아에게 주겠다고 하였다. 과연 마리아는 예수로부터 영원한 삶을 가져다주는 영혼의 물을 받아 마셨다. 그리고 마리아는 마침내 예수와 영혼으로 일치하고 내면으로 합쳐졌다.

지금 예수는 목마르다. 그러나 목마름은 시원한 물로 해소되는 육신의 갈증이 아니다. 유대 군중의 배신에 상처 받고 쓰라림에 지쳐서 사랑을 요구하는 영혼의 갈증이다.

"마리아야, 고맙다. 나는 되었다. 이제 목마르지 않다. 나는 계속 이 길을 걸어서 산정까지 십자가를 짊어지고 가야 한다. 마리아야! 슬퍼 마라! 이제 너와 나는 곧 만날 것이다."

마리아는 예수의 비참한 모습에 억장이 무너지고 세상의 종말이 닥친 듯 하늘이 아득하게 다가왔다. 예수의 말은 의미심장한 말이었다. 그러나 마리아는 예수의 말을 곰곰이 생각하지 않고 예수의 모습이 너무나 처참하여 참으로 주님이 왜 이다지도 이스라엘 백성에 의하여 버려지고 십자가형을 받아야 하는지에 대해 계속 가슴이 갈기갈기 찢어지는 심정이었다.

예수의 12제자들 중 가장 순결하고 순수한 요한만이 예수를 따르고 나머지는 도망을 치고 말았다. 요한 역시 예수의 사랑을 듬뿍 받았던 제자였다. 예수가 타볼 산에서 거룩하게 변모할 때 베드로와 야고보와 요한만이 예수와 자리를 같이 하였다. 회당장 야이로의 딸을 살릴 때도 베드로, 야고보, 요한만이 예수와 자리를 함께 하였다.

예수는 어머니 마리아를 형장으로 가는 도중 만났다. 예수가 십자가를 지고 가다 넘어지자 죄수를 호송하던 백인대장은 키레네 사람 시몬으로 하여금 십자가를 대신 매고 골고타 산정을 오르도록 하였다. 또한 베로니카라는 여성이 아마포로 만든 수건을 가지고 예수 얼굴의 피를 닦아주자 말없이 눈빛으로 고마움을 표시했다. 그리고 가슴을 쥐어뜯으며 통곡하는 이스라엘 여성들에게 '이스라엘의 딸들이여! 나를 위해 울지 말고 그대와 그대들의 아들딸을 위해 우시오.'라고 말하였다.[47] 로마의 백인대장은 마리우스의 후임으로 성전 경비대에 배속된 사람이었으며 예수를 유대인의 돌팔매질에서 적극적으로 보호하였다.

마리우스는 로마로 귀대하는 배 위에서 만경창파 바다

---

47   루카 23, 28

를 바라보며 마리아를 생각하였다. 마리아는 영혼과 육신이 아름다운 여성이었다. 그리고 언제 만날 수 있을지 기약 없는 이별을 슬퍼하였다.

예수는 자신이 예화로 들었던 '부자와 거지 라자로'처럼 육신이 피와 상처로 얼룩진 또 하나의 라자로가 되었다.[48] 부자의 집 문간에서 식탁에 떨어지는 빵 부스러기라도 주어먹기를 희망했던 라자로! 종기투성이의 몸으로 뭇사람의 멸시를 받았고 개가 와서 종기를 핥아주던 라자로! 그러나 참 라자로가 여기에 있다. 예수는 그의 피로 백성을 거룩하게 하기 위하여 성문 밖에서 고난을 겪었다.[49] 영원한 도성(都城)을 얻기 위하여. 히브리서는 땅 위에는 영원한 도성이 없음을 밝히고 있다.[50]

예수는 가시관을 쓰고 채찍으로 살점이 흩어지는 모욕과 고통을 겪으면서 자신이 그토록 연민의 정으로 쓰다듬어주던 유다 백성의 모멸에 찬 욕설과 수모(受侮)를 당하며 온 인류의 죄악을 짊어지고 참된 라자로가 되어 한 걸음 한 걸음 골고타 산정을 향하여 힘든 발걸음을 옮겼다. 그

---

48 교황 베네딕토 16세 '나자렛 예수'
49 히브리서 13, 12
50 히브리서 13, 14

가 그토록 사랑했던 유다 백성은 오늘 폭도로 변하여 그를 조롱하고 침 뱉고 갖은 모욕을 가하였으나 그는 평화스러운 모습을 잃지 않았다.

주님의 종의 넷째 노래[51]에 기록된 대로였다.

'그의 모습이 사람 같지 않게 망가지고 그의 자태가 인간 같지 않게 망가져 많은 이들이 그를 보고 질겁하였다. 보라 나의 종은 성공을 거두리라. 그는 높이 올라 숭고해지고 더없이 존귀해지리라. 그는 이제 수많은 민족들을 놀라게 하고 임금들도 그 앞에서 입을 다물 것이다.'

예수가 십자가형을 받는 그 자리에는 어머니 마리아와 이모, 마리아 막달레나와 클로파스의 아내 마리아가 서 있었다. 클로파스는 엠마오로 가는 길에서 예수의 부활을 목격한 제자이다. 예수는 제자 요한에게 어머니를 마지막으로 부탁하는 말을 남겼다.

"어머니, 이제부터 이 사람이 어머니의 아들입니다."

요한에게 말했다.

51　이사야서 52장

"이제부터 이 분이 네 어머니다."

그리고는 숨을 가쁘게 몰아쉬면서 운명의 시간을 기다렸다. 마리아 막달레나는 예수의 발을 움켜쥐고 흐느꼈다. 자신을 두 차례나 생명의 위협에서 구출해준 구원자 예수, 죽은 이를 살리시던 메시아께서 이다지도 허무하게 생을 마감하다니 믿을 수가 없었다. 예수와 영혼과 영혼으로 교감을 나누던 마리아에게 어머니를 여의었을 때와는 비교할 수 없이 큰 영혼의 구멍이 뚫렸다. 마리아는 자신의 삶의 이유이신 예수의 죽음, 하늘이 무너지는 슬픔으로 다가온 예수의 마지막에 대해 통곡할 수밖에 없었다.

그러나 예수는 사형을 집행하는 로마 군인들을 용서하는 말을 꺼냈다. 그리스도가 탄생하는 위대한 순간이었다.

"아버지 저들을 용서해 주소서. 그들은 자기들이 하는 일을 알지 못합니다."

이 말을 듣는 로마의 백인대장은 '이 분이야 말로 하느님의 아들이구나!' 혼자서 말하였다. 예수가 용서와 화해로 하느님과 하나로 일치되는 순간이었다.

시간이 흐르자 예수는 '목마르다'는 말을 하였다. 마리아 막달레나는 자신이 어떻게든 십자가를 타고 올라가 물 한잔을 드리고 싶었으나 사다리가 없었다. 그러자 사람들이 신 포도주가 담긴 그릇을 발견하고 신 포도주를 듬뿍 적신 해면을 우슬초 가지에 꽂아 예수의 입에 갖다 대었다. 예수 그리스도는 신 포도주를 마신 다음, '다 이루어졌다.'고 말하고는 고개를 숙이며 숨을 거두었다.

예수의 시신은 아리마태아 출신의 요셉이 빌라도에게 청하여 시신을 받은 다음 깨끗한 아마포로 감싼 다음 자신의 동굴에 안장하였다. 무덤 입구에는 큰 돌을 굴려 막아놓았다. 그리고 이 모든 과정을 마리아 막달레나와 어머니 마리아, 갈릴래아에서부터 예수님을 따랐던 여인들이 지켜보았다. 그리고 수석 사제들과 바리사이들은 자신의 경비병으로 하여금 무덤을 지키게 하였다.

유다 이스카리옷의 최후

유다 이스카리옷은 하늘이 무너지는 듯하다. 그는 스승 예수가 채찍질과 머리에 쓴 가시관으로 만신창이가 된 몸으로 십자가를 지고 골고타 산을 오르는 모습을 군중들 틈에서 보았다. 그때 유다는 예수와 눈이 마주쳤다. 그 눈은 인간이라면 응당 가질 법한 증오에 찬 눈초리가 분명 아니었다. 그의 눈은 평화스러웠다. 그리고 다음과 같이 말하는 듯했다. '유다야, 너는 내가 당하는 수난과 죽음으로 스스로를 옥죄지 말아라. 이 길은 내가 스스로 선택한 길이다. 너는 참회하고 새사람이 되어 아버지의 나라가

세상에 임하는 데 있어 힘을 다해주기 바란다.'

그는 가슴을 쳤다. 그는 예수가 죽을 것이라 생각하지 않았다. 예수는 죽어가는 사람을 살리고 미래를 예지하는 능력을 가진 신의 현신(現身)이었다. 그런데 예수는 뭇 사람들의 모욕과 조롱을 받으며 조용히 숨을 거두었다. '네가 만약 하느님의 아들이라면 너 자신을 구해보아라.'고 사람들이 비웃을 때 유다는 예수가 십자가에 박힌 못을 빼고 십자가에서 내려올 줄 알았다.

유다는 바라빠와 계속 내통하면서 예수를 저항운동에 참여시키려 하였다. 그러나 예수의 뜻은 훨씬 높고 또 깊은 데 있었다. 로마가 악의 세력이라면 이는 절멸시킬 것이 아니라 회개의 대열에 동참시켜 같은 하느님 나라의 백성으로 만들어야 한다는 것이 예수의 뜻이었다. 예수는 어린 시절 갈릴래아의 유다가 저항운동을 일으켰을 때 세포리스의 십자가에 매달려 숨져가는 2,000명의 유다 동포들을 보았다. 저항군은 로마군뿐만 아니라 유다 동족까지도 잔인하게 살상하였다. 폭력은 폭력을 불렀고 증오는 증오를 불렀다.

유다는 예수가 하느님의 아들이므로 진정 하느님이 개입하시리라 생각하였다. 모세의 야훼 하느님께서 이집트 병사들을 홍해 바다에 쳐 넣으셨듯이 당신의 아드님을 버리시지 않고 하늘나라에서 천사들을 보내시어 로마 병사들을 처단하고 예수를 구원하시리라 생각하였다. 그는 예수의 처참한 모습을 보고 가슴을 치고 후회하였다. 그는 정처없이 걷다가 발걸음이 가야파의 집 앞에서 멈추었다. 가야파의 집으로 들어간 유다는 문지기에게 가야파를 만나겠다고 했다. 문지기는 전에도 여러 차례 들린 적이 있는 유다를 별다른 의심없이 통과시켜 주었다. 가야파를 만난 유다는 울음 섞인 목소리로 가야파를 질책하였다.

"당신은 나를 속였어. 우리의 스승을 가두기만 한다면 로마의 의심을 잠재울 수 있다고 말하지 않았소. 나는 스승님이 이처럼 비참하게 돌아가실 줄은 몰랐어."

"우리는 최고 의회가 열릴 때 이런 결말을 예상하지 못했소. 당신의 스승은 성전을 모독했고 대사제인 나의 앞에서 하느님을 모욕했소. '당신이 하느님의 아들 메시아인지 밝히시오'라는 대사제의 말에 '이제부터 너희는 사람의 아들이 전능하신 분의 오른쪽에 앉아 있는 것과 하늘의 구름을 타고 오는 것을 볼 것이다'라고 말하여 하느님을 모독했소."

유다는 은전 30량을 가야파 앞에 뿌리고서는 그 길로 대사제의 집에서 나와 스스로 목을 매고 말았다. 스승의 사랑을 배신한 유다는 그렇게 하여 스스로 뿌린 대로 거두었다. 그의 지상 왕국의 꿈도 같이 사라져 버렸다.

마리아, 부활의 첫 증인이 되다

　동산 주위는 아직 어두웠다. 소슬바람이 을씨년스럽게 불어 마리아의 가슴을 더욱 슬프게 만들었다. 어두운 새벽길을 헤쳐 가며 무덤에 당도한 마리아는 또 한번 가슴이 무너지는 아픔을 겪었다. 무덤을 막았던 돌이 치워져 있었고 스승 예수의 시신은 보이지 않았다. 그래서 마리아는 시몬 베드로와 요한에게 이 사실을 알렸다. 베드로는 무덤 속을 더듬어 예수가 있던 자리를 찾아 아마포가 있는 것은 발견하였으나 예수의 시신은 보이지 않았다.

　"그들이 스승님 시신을 훔쳐 갔음이 틀림없어. 우리가

스승님 무덤을 지키고 있었어야 했어."

두 제자는 풀이 죽어 무덤에서 나온다.

"어서 어머니에게 말씀드려야겠어."

그들은 예수가 부활하리라는 생각은 꿈에도 하지 않았다. 그러나 마리아는 무언가 스승의 흔적을 찾을 수 있지 않을까 생각하여 자리를 뜨지 않고 지키기를 원하였다.

"저는 여기에 있겠어요."

그들은 예수의 시신을 찾겠다는 생각도 의지도 없이 집으로 돌아가고 말았다. 그들은 예수가 사흘째 되는 날 죽은 이들 가운데 다시 살아나리라는 말씀을 아직 깨닫지 못하고 있었다.

마리아는 무덤에 홀로 남아 울고 있었다. 어둠 속에 그림자가 나타났다. 그리고 울고 있는 마리아에게 말을 걸었다.

"여인아! 왜 우느냐? 누구를 찾느냐?"

"누군가가 주님의 시신을 옮겨갔습니다. 어디에 모셨는지 모르겠습니다. 어디에 모셨는지 아신다면 저에게 말씀해주십시오. 제가 모셔가겠습니다."

그때에 잊을래야 잊을 수 없는 스승의 목소리가 들려왔다.

"마리아야!"

순간 마리아 막달레나는 온몸이 굳는 듯한 전율을 느꼈다. 이는 한없이 자애롭고 가슴을 울리는 스승의 음성이었다. 마리아는 순간 몸을 돌리며 더할 수 없이 기쁜 환희의 목소리로 이에 답했다.

"라뽀니!(스승님)"

인류는 원조 아담이 죄를 짓고 낙원에서 쫓겨난 후 4,000년간 구세주를 기다려왔다. 구약은 하느님의 인류 구원을 위한 역사였고 천주 성부의 인간을 향한 자애(慈愛)와 인내의 과정이었다.

이스라엘 민족은 하느님이 내려주신 율법의 이웃사랑과 하느님 사랑의 정신을 잊었다. 많은 예언자들이 형식적이고 겉치레뿐인 제사에 대해 탄식하였고, 과부와 고아를 돌볼 것을 말하였으나 이스라엘은 율법의 참된 정신을 잊고 율법의 형식에만 얽매였다. 그들은 하느님을 공경한다면서 하느님의 아들을 알아보지 못하는 죄악을 범하였다. 그들은 613가지의 율법을 만들어 세세한 율법을 지키는 데만 온 열정을 기울였으나 정작 버림받고 소외된 이방인과 고아, 과부들은 돌보지 않았다. 시편146편 9절에는 주님께서 이방인들을 보호하시며 과부, 고아들을 돌보신다고 말하고 있다. 이사야 예언자는 주님께서 좋아하시는 단식은 겉보기에만 그럴 듯한 단식이 아니라 자신의 양식을 굶주린 이와 나누고, 집 없이 떠도는 이들을 자기 집에 맞아들이고, 헐벗은 이에게 옷을 입혀주는 것이라고 말하였다.[52]

이러한 이스라엘을 깨우치고 참된 사랑의 정신을 불어넣기 위하여 구세주가 세상에 왔으나 세상은 알지 못하였고 이스라엘은 이를 외면하였다. 예수는 지상의 왕국을 원하는 유다인들에 의해 버림받고 십자가상에서 참혹하게 숨을 거두었다. 하느님의 구원의 역사는 실패로 끝나는 것 같았다. 그러나 한 여인의 지극한 사랑이, 십자가 위에서 숨진 예수의 발밑에서 흘린 한 여인의 눈물과 통곡이 하늘을 감동시켰다.

예수는 이 세상으로 돌아왔다. 인류 구원의 위대한 서사시가 열린 것이다. 그리고 구세주에 대하여 지극한 사랑을 지녔던 여인은 부활의 첫 증인이 되었다. 마리아 막

---

52   이사야서 58, 6-7

달레나는 그의 어머니 요안나가 예언하였듯이 빛이 되어 세상에 오신 구세주 예수의 부활을 처음으로 세상에 전한 증인이 되었다.

 예수는 아름답고 찬란한 모습을 드러내었다. 예수의 부활한 모습은 예수의 생전 모습보다 영광스럽고 빛나는 모습이었다. 마리아는 달려가 스승의 발 앞에 엎드려 그의 발에 입맞춤을 했다. 예수는 마리아에게 말하였다.
 "마리아야! 너의 지극한 사랑이 아버지의 마음을 움직여 나를 이 세상에 다시 오게 한 것이다. 나의 피는 이 세상과 땅을 깨끗하게 씻어 내렸고, 십자가를 붙잡고 흘린 너의 눈물은 하늘로 올라가 천사들을 깨우고 아버지를 깨웠다."
 마리아는 스승 예수가 살아 돌아왔다는 사실을 아직도 믿지 못하는 듯 스승의 발을 끌어안고 눈물을 비오듯 쏟았다.
 "마리아야! 내가 아직 아버지께 올라가지 않았으니 나를 더 이상 붙들지 마라. 너는 내 형제들에게 가서, '나는 내 아버지시며 너희 아버지이신 분, 내 하느님이시며 너희의 하느님이신 분께 올라간다.'라고 전하여라."[53]

마리아 막달레나는 집으로 뛰어가서 '제가 주님을 뵈었습니다.'라고 하면서 예수가 자기에게 하신 말씀을 전하였다. 마리아는 용약하여 성모 마리아와 제자들, 그리고 여자 제자들에게 이 기쁜 소식을 전했다.

"주님께서 부활하셨어요! 주님께서 부활하셨어요!"

베드로와 요한, 살로메와 수산나, 알패오의 아내 마리아, 요안나가 달려와서 이 소식을 들었다. 그러나 베드로와 요한은 아직도 깨닫지 못했다. 주님에 대한 사랑이 넘쳐 마리아가 환상(幻像)을 보았을 것이라고 생각하는 듯했다.

---

53   요한 20, 17

예수, 제자들에게 나타나다

주간 첫날 저녁이 되었을 때 제자들은 유대인들이 무서워 문을 모두 걸어 잠가놓고 있었다. 창문에도 모두 빗장이 걸려 있었다. 그런데 돌연 예수가 빛이 장막을 통과하듯이 '평화가 너희와 함께'라는 말과 함께 그들 가운에 섰다. 예수의 모습은 빛나는 모습이었다. 십자가의 수난에서와 같이 살갗이 찢기고 너덜너덜해진 모습이 아니라 인간의 육신에서 가장 아름다운 시절의 모습대로, 빛나고 아름다운 모습이었다. 예수는 팔을 벌리고 손바닥을 위로 한 채로 다정한 미소를 띠우며 제자들을 바라보았다. 제자들은 감격하고 기쁨에 겨워 예수를 바라보았다.

"기억하느냐? 내가 수난 당시 받았던 고통을. 나는 피와 땀과 눈물로 범벅이 되어 있었다. 그러나 나의 상처를 씻어 준 손은 너희들에게는 없었다. 오직 베로니카만이 수건으로 나의 상처를 씻어주었다. 나는 목말랐다. 누가 나에게 타는 갈증을 없애라고 물 한 방울 줄 생각을 하였느냐? 마리아 막달레나만이 나를 따르면서 나의 목마름을 가시게 했다. 그 여인은 처음 만났을 때도 나에게 우물물을 건네주어 나의 육신의 목마름을 가시게 했다. 나는 그 여인에게 영원한 생명의 물을 약속했다.

마리아는 나의 발꿈치 아래에서 몸부림치며 나의 죽음을 슬퍼하였다. 그의 눈물은 내 발을 적시고 내 영혼을 적셨다. 나는 배반당하고 버림받았으며 채찍으로 얻어맞고 골고타의 산정까지 뭇 사람들의 죄과를 짊어지고 힘겹게 한 걸음 한 걸음 옮겼다. 나를 가장 아프게 한 것은 못에 박힌 상처도 창에 찔린 상처도 아니었다. 그것은 사랑의 결핍, 배신이었다. 이스라엘의 여인들은 나의 처참하게 무너져 가는 모습을 보고 가슴을 치며 통곡했다. 이방인이 나의 목을 축여주었다. 나는 그 이방인이 준 쉰 포도주를 받아 마셨다.

나는 모든 것을 용서하였다. 너희에게 용서와 평안이 오기를 바란다. 나는 내 복음 전파를 위해서 너희를 세상에 보낸다. 너희는 내 사랑의 전도자가 되어 사람들 마음속에 사랑을 심어주어라. 어둠 속에서는 진리를 볼 수 없다. 빛을 가지고 있어라. 사랑이신 분, 너희에게 성령의 빛이 오실 것이다. 너희가 죄를 사하여주면 사람의 죄가 용서를 받을 것이고 그대로 두면 사람의 죄는 그대로 남아 있을 것이다."

그리고 예수는 그대로 사라졌다. 오로지 그 자리에는 평화만이 남았다.

여드레 후 예수는 토마스에게도 나타났다. 주간 첫날 저녁 때 처음 제자들을 방문할 때 토마스는 다른 제자들과 같이 있지 않았다. 토마스가 자신이 직접 두 눈으로 주님의 상처를 확인하지 않고서는 믿지 않겠다고 말한 때문이다. 여드레 후 제자들이 다시 집안에 모였고 토마스도 함께 있었다. 문이 다 잠겨 있었으나 예수께서 그들 가운에 서시어 '평화가 너희와 함께' 하고 말하였다. 그리고 토마스에게 말했다.

"네 손을 여기 대보고 내 옆구리에 대어 보아라. 그리고 의심을 버리고 믿어라."

토마스가 예수께 대답했다.

"저의 주님, 저의 하느님!"

그러자 예수가 토마스에게 일렀다.

"너는 나를 보고서야 믿느냐? 보지 않고 믿는 사람은 행복하다."

그 뒤 예수는 티베리아스 호수(갈릴래아 호수)가에서 제자들에게 세 번째로 자신의 모습을 드러내었다. 그들은 그물을 왼 쪽으로 내렸으나 그날 밤 아무 것도 잡지 못했다. 아침이 될 무렵 예수는 제자들에게 나타나 일렀다. 그때까지 제자들은 호숫가에 있는 사람이 스승 예수인 줄 눈치 채지 못했다.

"무얼 좀 잡으셨소?"

"한 마리도 못 잡았습니다."

"그물을 배 오른쪽으로 내리시오. 그러면 고기가 잡힐 것입니다."

제자들이 그렇게 하자 그물을 끌어올리지 못할 정도로 고기가 많이 잡혔다. 제자들은 그때서야 깨달았다.

"스승님이십니다!"

먼저 요한이 외치자 베드로는 겉옷을 두르고 호수로 뛰

어들었다. 배는 뭍에서 백 미터 정도밖에 떨어져 있지 않았다. 예수는 방금 잡은 물고기와 빵으로 아침 식사를 마련하면서 '와서 아침을 먹어라.'고 말하였다. 이는 제자들에게 환시를 보는 것이 아니라는 것을 확증시키기 위한 것이다. 예수는 제자들에게 마지막으로 가르쳤다.

"나를 믿는 사람은 사랑과 겸손을 실천할 것이다. 그물을 왼쪽으로 내린 것은 세상으로부터 인정받을 것을 갈망하며 갈채와 명성에 현혹되는 삶, 거짓과 위선의 삶을 사는 것이다. 그러나 그물을 왼쪽으로 내렸을 때 고기를 한 마리도 잡지 못했듯이, 세상의 욕망을 따르는 삶을 살아서는 아무런 영적 소득도 올리지 못할 것이다. 내가 그물을 오른쪽으로 내리라고 한 것은 세상의 명예와 부귀영화, 재물욕을 버린 부활의 삶, 사랑과 겸손의 삶을 살아야 영적 열매를 맺을 수 있음을 너희에게 가르친 것이다. 너희는 사람을 놀라게 하는 기적을 행하려고 들지 마라. 그것은 아버지께서 필요할 때 너희에게 주실 것이다. 모든 영광은 아버지께 돌리는 것이지 너희들이 그 영광을 차지하려고 해서는 안 된다.

하느님 아버지의 눈에 비천하게 보이는 것은 너희 자신이 하느님 아버지의 자녀가 아니고 지상 왕국의 주인행세를 하는 것이다. 이는 반드시 심판받을 것이다. 교만하고 자기를 내세우는 마음을 가진 자는 아버지의 자녀가 될 수 없다. 너희는 내가 부활했음을 세상에 알리는 것에 그쳐서는 안 된다. 아버지의 자녀가 되고 하늘나라의 상속자가 되기 위해서 너희 자신이 사랑이 되고 사랑해야 한다는 것을 사람들에게 가르쳐야 한다. 이제는 자신 안에 자신이 사는 것이 아니라 부활한 그리스도의 영이 살아야 한다.

나는 길이요 진리요 생명이니 나를 믿는 사람은 영원히 살 것이다. 너희는 나의 부활의 증인이 되어 땅 끝까지 나의 복음을 전하여라. 갈릴래아, 사마리아, 유다, 그리스 땅, 로마 땅까지도 나의 복음을 전하여라. 아버지께서는 아들을 사랑하시어 자신의 존재를 제외한 모든 것을 나에게 주셨다. 나는 하늘과 땅의 모든 권한을 받았다. 그러므로 너희는 가서 모든 민족을 제자로 삼아 아버지와 아들과 성령의 이름으로 세례를 주고 내가 너희에게 명령한 모든 것을 가르쳐 지키게 하여라. 보라! 내가 세상 끝날까지 언제나 너희와 함께 있다."[54]

---

54 마태오 복음 28, 19-20. 예수는 여기에서 전권을 하느님으로부터 위임받았음을 선언하였다. (전권선언) 그리고 땅 끝까지 복음을 전할 것을 명령하였으며 (전도명령) 세상 끝 날까지 함께 있음을 약속하였다. (현존약속) 성서 원문에 '있겠다'는 '있다'로 고쳤다. "I am with you always until the end of the age. 내가 세상 끝 날까지 언제나 너희와 함께 있다."

예수 승천 이후, 사도들의 행적

예수의 승천 이후 요한 사도는 베드로와 함께 예루살렘과 사마리아에서 부활하신 예수를 증거하며 복음을 전했다. 이후 44년경 사도 요한은 헤로데 아그리파의 박해를 피하여 소아시아의 에페소로 성모 마리아와 마리아 막달레나와 함께 건너가게 된다. 이후 마리아 막달레나는 사도 요한과 더불어 성모 마리아를 지극한 효심으로 모시며 같이 살았다. 지금도 에페소에는 성모 마리아가 지내던 경당 자리가 보존되어 있다. 베드로와 바오로는 선교 여행 시 성모 마리아가 있는 에페소의 집에 들렀으며, 그들은 그 때마다 옛 스승의 어머니인 성모 마리아에게 인사하였고 반가움에 흐느끼며 끌어안고 서로를 격려하였다.

성모 마리아가 선종한 이후 요한은 로마 황제 도미티아누스의 박해로 파트모스 섬에 유배되어 요한 묵시록을 저술하였다. 그 후 유배에서 풀린 요한은 요한학교를 세워 제자를 길러내는 한편 요한복음과 요한 서신들을 썼다.

요한복음은 '병사 하나가 예수의 옆구리를 찌르자 피와 물이 흘러 나왔다.'고 기술하였고 뒤이어 '이는 직접 본 사람이 증언하는 것이므로 그의 증언은 참되다.'[55]라고 하였다. 즉 이를 기록한 증인은 바로 십자가 밑에 서 있던 예수가 사랑하던 제자임이 분명하다.

사도 요한은 제자 중 가장 나이가 어렸으며 마리아 막달레나 보다 서너 살 위였을 것으로 생각된다. 둘은 오누이처럼 서로를 돌보며 지냈고 요한은 서기 100년 경 94세를 일기로 선종하였다. 동방정교회의 전승은 마리아 막달레나 역시 에페소에서 선교를 하다가 마지막 숨을 거둔 것으로 알려져 있다.

일설에 의하면 마리아 막달레나는 성모 마리아가 돌아

---

55   요한 19, 35

가신 후 막시맹 주교를 따라 프랑스 마르세이유로 건너간 후 프로방스 지방의 숲속, 성 보메(St. Baume) 동굴에서 30년 은수생활을 한 후 선종했다고 전해진다. 그러나 '보메'라는 말이 '기름을 바른'이라는 뜻이며 이는 바리사이 시몬의 집에서 예수의 발을 눈물로 씻고 기름을 바른 베타니아의 마리아를 염두에 두고 이름을 붙인 것이다. 또한 바다를 건너갈 때 오빠 라자로와 언니 마르타와 함께 건너갔다고 전승에서 전하는 것으로 보아 베타니아의 마리아와 마리아 막달레나를 동일인으로 생각한 듯하다. 교회의 공식입장은 마리아 막달레나와 베타니아의 마리아를 별개의 인물로 생각한다.

후기

나누고 싶은
이야기

다큐 소설로 풀어낸 마리아 막달레나의 이야기는 제5부에서 끝을
맺는다. 성경 속 이야기를 작가의 상상력을 가미해 풀어낸 소설에서
특별히 예수의 부활과 마리아 막달레나에 관해 좀더 나누고 싶은
이야기가 있어 말미에 덧붙인다.

"저의 하느님, 저의 하느님,
어찌하여 저를 버리셨습니까?"

(마태오복음 27, 46)

이 기도는 예수 그리스도의 십자가 상 체험의 정점(頂點)이다. 십자가는 우리에게 수많은 역설을 믿음의 신비 속에서 체험하게 한다. 예수 그리스도는 전적으로 홀로였으나 하느님 아버지와 의 완전한 일치를 이루었다. 그는 파멸의 순간에 하느님 구원 의 음성을 들었다. 절망의 순간에 그는 희망을 보았다. 비참한 수치 속에서 그는 하느님의 영광을 이루었다. 죽음의 순간에 그는 영원한 생명을 보았다. 완전한 비움 속에서 모든 것이 채 워졌다. 어둠속에서 예수 그리스도는 인류에게 구원의 빛을 가 져다주었다. 그러나 무엇보다도 가장 큰 십자가의 모순은 십자 가 상, 고통스러운 하느님의 부재 속에서 하느님의 현존이 드 러났다는 점이다. 이 모든 역설의 해답은 무엇인가?

바로 예수 그리스도의 부활 사건이었다.

예수의 부활이 주는 의미

서기 70년 예루살렘이 로마의 예루살렘 도성의 초토화로 불탄 후 나자렛 예수에 관한 기록은 베일에 싸여 있었다. 가장 일찍 기록된 복음서인 마르코서는 예수가 죽은 후 40년 뒤인 기원후 70년 경 쓰였다. 어떤 신학자는 이 기간 중 예수의 신화가 덧붙여져 예수가 사람이 아닌 신의 존재가 되었다고 생각한다. 그래서 사람들은 '역사적 예수'와 '믿음의 대상으로서의 예수'를 분리시켜야 한다고 생각한다.

그러나 한 가지만은 확실하다. 예수의 죽음 이후에 제자들이 용약하여 일어나 복음을 전하게 된 사태의 반전에는 그 중간에 어떤 사건이 있었다는 것이다. 예수의 제자들은 예수가 붙잡히자 한 사람을 제외하고 각자도생하여 도망치고 말았다. 부활의 현장에서 예수의 무덤이 비어있음을 보고도 예수의 부활 가능성을 믿지 않았던 제자들은 그 후 용약하여 일어나 목숨을 건 전교를 한 끝에 요한 1명을 제외하고 순교의 월계관을 썼다. 이들은 예수가 영광의 자리에 오른 후 어느 자리를 차지할 것인가를 놓고 서로 암투를 벌일 만큼 하느님의 나라, 주님의 왕국을 지상의 왕국으로 굳게 믿었다. 이와 같은 반전은 무언가 그들의 믿음을 밑바탕에서 흔든 엄청난 사건이 있었음을 뜻한다. 그것은 바로 예수의 부활이었다.

후일 회심하여 사도가 된 사울은 골수 바리사이로서 그리스도 공동체의 첫 순교자인 스테파노의 순교에 관여했다. 그는 그리스도인들의 씨를 말리겠다고 하던 극렬 바리사이였으나, 그리스도인들을 체포하러 다마스카스로 가던 도중 부활한 예수를 만나고 회심하였다. 그 후 부활한 예수의 열혈 전도자가 되어 이후 목숨을 건 전교여행을 세 차례나 실행에 옮겼다. 우리가 예수의 부활을 믿는 것은 부활이 상징적으로 일어난 것이 아니라, 역사적으로 일어났다는 사실, 즉 부활의 역사성을 믿는 것이다. 그러므로 우리가 예수의 부활을 받아들이는 것은 곧 '역사상의 예수'와 '믿음의 예수'가 우리의 마음속에서 하나의 예수로 합일하는 것이다.

우리는 예수가 자신의 수난 전에 라자로를 죽음에서 다시 일으킨 기적을 기억한다.[56] 그러나 라자로의 소생(蘇生)은 예수의 부활과 다르다. 예수의 부활은 단순히 시체가 무덤에서 걸어 나온 사건이 아니다. 이점에서 예수의 부활사건에 인류구원의 위대한 뜻이 있다. 곧 예수의 부활은 그리스도를 믿는 사람은 지상의 육신이 아니라 하늘나라에서 공간과 시간을 초월한 영광된 몸으로 다시 부활하리라는 것을 직접 보여준 사건이다.

또 다른 라자로가 성경에 한 차례 등장한다. '부자와 라자로의 예화'[57]이다.

어떤 부자가 있었는데 부자는 날마다 호화로운 생활을 하였으나 거지 라자로는 부자의 식탁에서 떨어진 조각으로 배를 채우기를 간절히 바랐다. 라자로는 종기투성이의 몸으로 부자의 집 대문 밖에 누워 있었고 개들까지 와서 그의 종기를 핥았다. 라자로는 죽어서 아브라함 곁으로 가고 부자도 죽어 묻혔다. 부자가 저승에서 불길에 고통을 받으며 눈을 뜨니 멀리 아브라함과 그의 곁에 있는 라자로가 눈에 띄었다. 그는 애타게 라자로로 하여금 손가락 끝에 물을 찍어 자신의 목을 축여줄 것을 애원한다.

예수는 이 예화에서 무엇을 말하려고 했던가? 여기서 부자

---

56   요한복음 11장
57   루카복음 16, 19-31

는 성서에서 별다른 악행을 행한 것으로 기록되어 있지는 않다. 다만 자신의 호화스러운 생활에만 관심을 쏟았을 뿐 이웃의 고통에 철저히 무관심했다. 부자는 라자로로 하여금 '저의 다섯 형제에게 경고하여 이 고통스러운 곳으로 오지 않게 해주십시오.'라고 절절히 애원한다. 그러나 아브라함은 거절한다. '죽은 사람은 누구도 다시 살아난 적이 없다. 죽음의 강을 건너간 자가 다시 죽음의 강을 건너 이승으로 회귀한 적도 없거니와 모세와 예언자들 말을 듣지 않으면 라자로가 살아서 돌아가더라도 그들은 라자로의 말을 듣지 않을 것이다.'라고 하며 일언지하에 거절한다.

그러나 진짜 라자로는 부활하였다.[58] 종기투성이 몸으로 부잣집 문 앞에 누워있는 라자로의 모습에서 우리는 피와 상처로 얼룩진 예수의 육신을 보게 된다. 예수야말로 진짜 라자로이다. 진짜 라자로는 죽음의 강을 역류하여 이승으로 회귀하였다. 그리고 심판의 무서움이 아니라 하느님을 만나는 부활의 환희, 희망의 메시지를 만민에게 전하였다.

이 얼마나 기쁜 소식인가!

이 얼마나 환희에 찬 메시지인가!

그는 요르단강을 건너 이승을 하직하였으나 우리에게 기쁜

---

58   교황 베네딕토 16세 '나자렛 예수'

소식을 전하기 위하여 다시 이승으로 건너온 것이다. 영광된 모습으로!!!

아담과 하와가 죄를 지어 낙원에서 쫓겨난 후 구약의 역사는 하느님의 인간 구원의 역사였다. 하느님께서 여자의 후손이 뱀의 머리를 부술 것을 예언한 것은 인간의 구원을 약속하신 것이다. 인간은 그로부터 4천 년간 구세주를 기다려왔다. 예수 부활은 인류가 4천 년을 기다려온 엄청난 역사적 사건이었다. 만약 예수의 부활이 없었다면 한 도덕교사, 예언자의 죽음으로 예수 드라마는 허망하게 막을 내렸을 것이다. 2천 년 전 우리처럼 살과 피를 가지고 태어나 사람들의 질병을 치유해주고 백성과 아픔을 함께 하며 과부의 슬픔에 같이 눈물 흘리며 죽은 외아들을 살려준 예수는 그저 한 성인(聖人)의 죽음으로 사람들 기억 속으로 사라졌을 것이다.

예루살렘의 어느 동산, 어두운 새벽녘에 한 히브리 여성에게 예수가 '마리아야!'하고 부름으로써 인류 구원의 드라마는 조용히 시작되었다. 왜 하필 마리아 막달레나였던가? 그것은 마리아 막달레나가 예수와 영혼으로 일치하였고 예수를 가장 사랑했기 때문이다. 그는 예수 부활을 가장 빨리 이해했으며 내면으로 예수 부활의 의미를 받아들였다. 그녀는 예수가 가진 이스라엘 백성에 대한 연민의 정을 가슴으로 받아들였으며 그랬기 때문에 예수 부활의 첫 증인이 되는 영광을 누렸다.

예수는 태어날 때도 초라하게 태어났듯이 인류 구원의 드라마를 시작함에 있어서도 온갖 허세를 보이며, 장엄하고 떠들썩한 광경을 연출하지 않았다. 예수는 사람이 많이 모인 장터에서 소리 높여 '내가 드디어 부활했다. 그러니 하느님의 아들인 나를 믿어라!'고 고래고래 고함을 지르지 않았다. 천군만마를 거느리고 우레 같은 팡파르를 울리며 메시아의 부활을 알리는 일도 없었다. 유다에서는 여인의 증언을 인정하지 않는 전통이 있으나 그냥 조용히 자신이 선택한 여인, 마리아 막달레나를 통하여 자신의 부활을 알렸다.

이 얼마나 겸손한 선택인가!

이 얼마나 위대한 선택인가!

마리아 막달레나의 노래

　나그함마디 문서에서 발견된 필립보 복음서는 예수와 마리아 막달레나의 관계를 κοινωνός(koinōnos)로 표현하였다. 이는 '친교를 나누는 사람', 즉 sharer란 뜻이다. 코이노니아(koinōnia)란 말은 이 단어의 여성형으로서 친교, 우정을 뜻한다. 마리아와 예수는 영적인 관계였고 마리아는 예수의 제자 중에서도 '사도 중의 사도', '사도를 위한 사도'로 초대교회부터 일컬어져 왔다. 전승의 영향력이 남아 있던 초대교회 시절 교부인 아우구스티노 성인은 마리아 막달레나를 일컬어 '사도 중의 사도'로 불렀다.

　그러나 사도의 생존 당시 극도의 가부장적인 유다 전통에서 마리아 막달레나는 성경에서 사라져 버렸다. 사도행전에서도 그의 행적은 한 줄도 소개되지 않는다. 이는 예수의 수제자인 베드로의 마리아에 대한 질투가 한몫했을 개연성도 크다. '마리아 막달레나 복음'에서 후미에 이런 구절이 나온다.

"그때 베드로가 말하였다. '우리가 모르는 비밀을 이런 식으로 여자에게 말씀하셨다니 가당키나 합니까? 관습을 뒤엎고 여자의 말에 귀를 기울여야 옳습니까? 정녕 우리보다 더 사랑하시어 이 여자를 택하신 것입니까?'"

복음사가들이 정통교회의 복음을 정립하는 과정에서 의도적으로 마리아 막달레나의 역할을 축소했을 가능성이 크다. 루카는 마리아 막달레나를 일곱 귀신(demon)이 떨어져 나간 여자로 표현하고 있으나 이 역시 의도적인 폄하 가능성이 크다. 마귀나 악령이 한때나마 그 사람의 마음속에 자리 잡았다면 사람들은 선입견을 가지고 사람을 보기 때문이다. 마르코 복음서 16장에도 같은 이야기가 나오는데 마르코는 베드로의 충실한 제자였고 영적인 아들이었다. 사도행전의 저자, 루카는 베드로와 바오로의 이야기로 사도행전을 채웠다. 복음사가들은 예수를 따르는 여인들에 대해 편견과 선입감을 가지고 있었다. 그들은 남편을 돌보지 않고 예수를 따라다니는 여인을 아마 정신이 나간 여인으로 생각하였는지도 모른다.

마리아 막달레나는 초대교회 때부터 가부장적인 전통에 집착한 복음사가와 동료 사도들에 의하여 끊임없는 명예훼손과 의도적 폄하를 당하였다. 이러한 것이 겹쳐서 순결하고 지성적이며 아름다운 여성 사도가 일곱 마귀가 떨어져 나간 여인에서부터 창녀까지 헤아릴 수 없이 많은 인격적 손상을 입은 것이다.

오늘날 세계 인구의 3분의 1이 예수를 구세주로 고백하고 있으며 이러한 인류구원의 드라마에는 두 명의 위대한 여성이 등장한다. 한 명은 예수를 낳은 성모 마리아이다. 그분의 아들이 삼위일체(三位一體) 교리의 천주 성자(聖子)이므로 성모 마리아 역시 '천주의 성모(聖母)'로서 최상의 공경을 받고 있다. 그리고 다른 한 명은 예수 부활을 처음으로 증언한 마리아 막달레나이다.

성모마리아가 응당 받아야 할 존경을 받고 있듯, 마리아 막달레나 역시 마땅히 받아야 할 존경을 받아야 한다. 마리아 막달레나는 부활의 첫 증인에 그치지 않고 사도들을 부활에의 확신으로 이끌었다. 그는 사도들에게 복음을 가르쳤고 또한 사도들의 복음 선포를 격려하였다. 이런 점에서 마리아 막달레나가 부활 이후의 예수 운동에서 차지하는 비중을 본다면 다른 사도에 비하여 월등하다. 그가 부활 이후 초대교회의 전승에서 '사도 중의 사도', '사도에게 파견된 사도'로 불리어졌음은 결코 과장이 아니다.

애초에 남자 제자들은 지상왕국을 꿈꾸며 예수에게 희망을 두고 따라다녔을 가능성이 크다. 그들은 예수가 잡히자 이제 지상왕국의 부귀영화와 권세의 꿈은 사라졌다, 볼 장 다 보았다는 심정으로 각자도생하기 위하여 도망쳤다. 여성 제자들만 끝까지 의리를 지켜 예수를 수난 현장까지 뒤따랐다.

또한 마리아 막달레나는 매우 용기 있는 여성이었다. 예수 수난의 현장에서 예수의 발을 부여잡고 통곡하였으며 예수를 무덤에 묻는 장례를 끝까지 지켜보았다. 주간 첫날 시체에 바를 향유를 밤새껏 제조하여 새벽부터 무덤을 찾은 열의와 사랑을 보였다. 당연히 마리아는 예수 부활의 첫 증인의 영광을 누려야 한다.

한편 다른 뜻에서 부활의 첫 증인으로 여성 마리아 막달레나를 선택한 것은 중대한 뜻이 있다. 당시 유다의 법정에서는 여성의 증언은 공식적으로 채택되지 않았다. 그러므로 만약 예수의 부활이 조작된 것이라면 극도로 가부장적인 전통을 지닌 유다 사회에서 마리아 막달레나를 예수 부활의 증인으로 삼지 않았을 것이다.

'막달라'라는 이름은 갈릴래아 호수의 연안마을 이름이라는 것이 일반적인 주장이다. 마리아 막달레나의 다른 이름 막달라 마리아는 '막달라 출신의 여자, 마리아'라는 뜻이 된다. 그러나 아람어의 '마그달라'(Magdala)라는 단어에는 '위대한'이란 의미가 있다. 영어로 번역하자면 'Great Mary', 즉 '위대한 마리아'가 된다. 팔레스타인에서 가장 흔한 여인의 이름 '마리아'로 출발해 '위대한 마리아'가 되었다는 건 뭔가 특별한 이야기가 있다는 것이다. 예수 당시에는 고대 히브리어 대신 아람어가 일반적으로 쓰였다.

바하이(Bahá'í)신앙[59] 창시자의 아들, 압둘 바하(`Abdu'l-Bahá)는 마리아 막달레나가 사도들의 믿음을 확신으로 이끌었으며, 사도들의 신앙을 재정립함에 있어서 영웅적 역할을 하였고, 예수의 왕국으로 다가감에 있어 빛이 되었다고 찬양하였다. 압둘 바하는 마리아 막달레나를 신앙의 거룩함과 위대함에서 동시대의 모든 남성을 초월한 여성으로 극찬하였다.

베를린자유대학의 탈 일란(Tal Ilan) 교수는 마리아 막달레나야말로 진정한 '그리스도교의 창시자'(Founder of Christianity)라고 평가하였다. 예수 부활 이후 예수의 가르침을 정확하게 전달한 사람도 마리아 막달레나였다. 베드로는 생전에 예수가 한 말을 마리아 막달레나에게 여러 차례 확인한 적이 있다. 오순절 성령강림절에 성령의 특은을 입은 사도들이 용약하여 일어나 이방 민족에까지 복음을 전하게 된 데는 마리아 막달레나의 공이 참으로 지대하다.

마리아 복음서는 1896년 처음으로 발견되었다. 마리아 복음서는 주옥같은 예수의 가르침이 대화 형식으로 기록되어 있다. 그러나 이 복음서도 어느 순간 사라져버렸다. 이 복음서는 예수 부활 뒤 이뤄진 예수와 제자들의 대화로 시작하여, 복음 전

---

59   바하이 신앙은 유일신을 믿는 종교로서 모든 인류의 정신적인 융합을 강조한다. 바하이 신앙은 19세기 페르시아에서 바하올라가 창시한 종교이다. 대한민국에는 1921년에 처음으로 알려졌다.

파를 두려워한 제자들에 대한 마리아 막달레나의 격려, 마리아 막달레나에게만 알려 준 예수의 가르침을 베드로가 요청하고 이에 대한 마리아의 답변, 여성의 사도로서 권위를 부정하는 베드로와 다른 제자들과의 논쟁 등을 담고 있다. 신약 외경인 '마리아 복음서'는 전해지는 교회 문서 가운데 마리아 막달레나의 사도성을 가장 괄목하게 묘사하고 있으며, 여성에게 그 권위를 돌리는 단 하나의 복음서다.

　마리아 막달레나, 베타니아의 마리아, 투석형에 처해질 위기에 처했던 여인 모두가 성경에 등장하는 여인이다. 베타니아의 마리아와 투석형에 처해질 뻔한 여인은 같은 여인일 가능성이 있으며 이 소설은 양자를 같은 인물로 다루었다. 왜냐하면 바리사이 시몬이 베타니아의 마리아를 죄인으로 여겨 몹시 핍박하였기 때문이다. 마리아 막달레나는 후일 베타니아의 마리아, 죄인으로 불린 여인과 아무런 관련이 없음이 밝혀졌으나 이를 혼동한 교황 그레고리오 1세에 의하여 마리아 막달레나는 창녀였다는 오명을 쓰게 된다. 교황 그레고리오 1세는 교황의 직분에 대해 처음으로 '하느님의 종들의 종'이라고 호칭하는 등 매우 겸손한 교황으로 알려졌고 성인(聖人)품에 오른 교황이었다. 그러나 참회의 중요성을 설명하는 과정에서 마리아 막달레나를 죄에서 회개한 여인으로 묘사하면서 그녀를 창녀로 폄하하였고 마리아 막달레나는 무려 1,400년간 창녀로 인식되었다.

　반면 동방정교회는 마리아 막달레나를 평생 품행이 방정하고 독실한 성녀로 공경하고 있다. 로마 교회에서 1969년 교황 바오로 6세는 마리아 막달레나가 베타니아의 마리아와 죄지은 여인과는 별개의 인물임을 선언하였다. 1988년 교황 요한 바오로 2세는 드디어 마리아 막달레나가 '사도중의 사도'로서 중요한 사도의 역할을 하였다고 인정하였다.

2016년 6월 3일 교황 프란치스코는 예수 부활의 첫 번째 증인인 마리아 막달레나의 의무기념일인 7월 22일을 축일로 격상시키는 교령[60]을 발표하였다. 동 교령 '사도들의 사도'(Apostle of the Apostles)는 하와와 마리아 막달레나를 죽음과 생명의 대조로 설명하고 있다. 즉 한 여인은 낙원의 정원에 있었고 한 여인은 부활의 정원에 있었으나, 전자는 생명이 충만한 곳에서 죽음을 전파하였고 후자는 죽음의 장소인 묘지에서 생명을 선포하였다고 마리아 막달레나를 찬양하였다. 주님의 부활은 그녀의 눈물을 파스카의 환희로 바꾸었다고 교령은 전한다. 동 교령은 마리아 막달레나의 위치를 '사도들 중의 사도'로 격상시켰으며 이는 마리아가 사도의 반열에 올랐음을 인정하는 것이다.

---

60 교황청 경신성사성 아서 로시 대주교는 교령에서 다음과 같은 내용을 발표하였다. "프란치스코 교황은 예수 그리스도를 대단히 사랑했고, 아울러 그분에게 사랑받은 이 거룩한 여성의 중요성이 자비의 희년에 새롭게 조명되길 바랍니다. 이 결정은 여성의 존엄성과 새로운 복음화, 그리고 하느님 자비의 위대함에 대한 깊은 성찰의 결과입니다. 성녀는 특히 두려움에 떨던 제자들에게 주님의 부활 소식을 알림으로써 그들이 용기를 내어 세상에 나가 복음을 전하도록 하였습니다. 교회는 성녀의 이런 특별한 역할에 주목하고 전례를 통해 공경의 마음을 표현하는 것이 합당할 것입니다."

구원(久遠)의 여인, 마리아 막달레나! 그녀는 장구한 세월 부당한 폄하와 인격의 훼손을 당했으나 새로운 교령(敎令)에 의해 이를 뛰어넘어 일생 동안 한결같이 거룩했던 성녀로 존경받게 되었다. 이제 하늘나라의 천사들도 한목소리로 소리 높여 부르리라. 마리아 막달레나의 노래를!!

"이 소설을
마리아 막달레나 성녀와
마리아 막달레나
세례명을 가진
모든 여성에게 바칩니다."

마리아 막달레나의 노래
The Song of Mary Magdalene

초판 1쇄 인쇄 2023년 12월 20일

지은이 김원율
펴낸이 김구정
편 집 이조안
디자인 이정아
관 리 신은숙
인 쇄 한영문화사

펴낸곳 좋은아침
주 소 서울시 강북구 도봉로 142. 4층 (01161)
전 화 02-988-8358
이메일 joaabooks@naver.com
등록일 2020년 12월 16일
등록번호 제2020-000050

ⓒ 김원율 안드레아, 2023
ISBN 979-11-980349-7-7 (03230)

값 16,000원